Peygamberin Evinde Bir Gün

Abdulmelik el-Kasim

ÖNSÖZ

Rasûlunü hidayet ve hak din ile gönderen Allah'a hamdolsun. Rasûllerin önderi, alemlere rahmet olarak gönderilen Peygamberimiz Muhammed'e, onun aile halkına ve bütün ashabına da salât ve selâm olsun.

Günümüzde insanların çoğunluğu ya aşırı giden ya da büsbütün ihmal eden kimseler arasındadır. Kimisi Rasûlullah -sallallahu aleyhi ve sellem- hakkında o kadar aşırıya gitmiş ki, Rasûlullah -sallallahu aleyhi ve sellem-'e dua edip, ondan istekte bulunmak, onun imdada yetişmesini istemek gibi halleri ile işi şirke kadar götürmüş, kimileri Peygamber -sallallahu aleyhi ve sellem- aydınlık yolunu ve sîretini izlemekten gafil kalmış, onun hidayet yolunu, hayatının aydınlatıcı ışığı ve yolunun yol gösterici işareti olarak değerlendirmemiştir...

Bütün insanlara kolay bir üslûp ile onun sîretini ve hayatının inceliklerini daha anlaşılır bir şekilde sunmak maksadıyla, böyle bir amacı gerçekleştirmeye tamamen elverişli olmayan şu bir kaç sahife kaleme alındı... Bunlar Peygamber -sallallahu aleyhi ve sellem- sıfatlarından ve şemâilinden yapılmış birtakım seçmeler ile bazı değerlendirmelerdir. Onun niteliklerinin ve şemâilinin tamamını kaydetmedim. Peygamber -sallallahu aleyhi ve sellem- hayatında dikkatten kaçtığını gördüğüm hususları zikretmekle yetindim. Her bir hasleti ve her bir özelliği ile ilgili olarak, iki ya da üç hadis zikretmekle yetindim. Onun hayatı ümmetin hayatıdır. Bir davanın ve bir hayat usûlünün dimdik ayakta durmasıdır... O (salât ve selam ona) itaat ve ibadet konusunda tek başına bir ümmettir. O üstün bir ahlâk, güzel bir davranış, kalıcı bir şereftir. Yüce Allah'ın onu: "Ve şüphe yok ki sen çok büyük bir ahlâka sahipsin." (el-Kalem, 68/4) diye övmüş olması yeter.

Ehl-i sünnet ve'l-cemaat, Rasûlullah -sallallahu aleyhi ve sellem-'i Allah'ın yerleştirdiği konumda görürler. O; Allah'ın kulu, rasûlü, dostu ve seçtiğidir. Onlar peygamberlerini kendi öz evlâtlarından, babalarından hatta kendi öz canlarından daha çok severler. Fakat onun hakkında aşırıya gitmezler ve onu ilahlaştırmazlar. Bu konum ona yeterlidir.

Bizler de bu yolda gidenleriz. Ne bid'at olarak mevlidleri ortaya çıkartırız, ne de bu maksatla toplantılar yaparız. Aksine emrettiği şekilde onu severiz, verdiği emirlerde ona itaat ederiz. Onun yasakladıklarından ve vazgeçilmesini istediklerinden uzak kalırız.

"İlmin onun hakkında ulaştığı nokta şudur: O bir insandır.

Ve o, Allah'ın bütün yarattıklarının en hayırlısıdır."

"O alnı beyaz ve aydınlıktır,

Üzerinde peygamberliğin nurdan mührü vardır,

Parıldar ve tanıklık eder.

Yüce ilâhımız peygamberin adını kendi isminin yanına katmıştır:
Müezzin beş vakit namazda: Eşhedu ... dediğinde

Onu tazim etmek için kendi adından ona türettiği bir isim vermiştir.

Arş'ın sahibi (Allah'ın) adı Mahmûd'dur, onun adı da: Ahmed'dir."

Biz bu dünyada her ne kadar o sevgili peygamberi göremedikse de, aramızda çok uzun yıllar geçmiş olsa da... Yüce Allah'a, o peygamberin haklarında şunu söylediği kimselerden olmak için dua ediyorum:
Peygamber -sallallahu aleyhi ve sellem- buyurdu ki:
"Kardeşlerimizi görmüş olmayı çok arzu ederdim." Ashab:
"Ey Allah'ın Rasûlü! Biz senin kardeşlerin değil miyiz?" diye sordular.
Peygamber:
"Siz benim ashabımsınız, kardeşlerimiz ise henüz gelmemişlerdir." Ashab:
"Peki ümmetinden henüz gelmemiş olanları nasıl tanıyacaksın ey Allah'ın Rasûlü?" diye sordular. Rasûlullah:
"Bir adamın, alnı ve ayakları beyaz olan atları, siyah ve koyu renkli atlar arasında bulunursa o adam kendi atlarını tanımaz mı, ne dersiniz?" diye sordu.
Ashab:
"Tanır ey Allah'ın Rasûlü", deyince Peygamber şu cevabı verdi:
"Onlar abdest aldıklarından ötürü yüzleri, kolları ve bacakları nurlu geleceklerdir ve ben Havz'a onlardan önce varmış olacağım..."[1]

Şanı yüce Allah'tan Peygamber -sallallahu aleyhi ve sellem- izini araştıran,

---

1   Müslim.

onun yaşayışına uyan, sünnetinden kana kana içen kimselerden bizleri kılmasını niyaz ederiz. Aynı şekilde yüce Allah'tan bizleri onunla birlikte Adn cennetlerine koymasını, yaptığı hizmetlerden ötürü en mükemmel şekilde onu mükâfatlandırmasını niyaz ederiz. Allah Peygamberimiz Muhammed'e, onun aile halkına ve bütün ashabına salât ve selâm eylesin.

Abdu'l-Melik b. Muhammed b. Abdu'r-Rahman el-Kasım

Geçmiş asırlara bir ziyaret yapacak ve geride kalmış bazı sahifeleri çevireceğiz. O sahifeleri okuyacak, satırları üzerinde düşüneceğiz. Rasûlullah -sallallahu aleyhi ve sellem-'i satırların harfler ve kelimelerin dünyasında bir ziyarette bulunacağız... Onun evine girecek, durumunu, vâkıasını görecek, hadisini dinleyeceğiz. Nebevî evde sadece bir gün yaşayacağız. Bu bir günlük yaşantımızdan dersler, ibretler çıkaracak, sözleri ve fiilleriyle aydınlanacağız.

İnsanların bilgileri açılmış, okumaları artmış, kitaplar, broşürler, filmler ve belgeler aracılığıyla doğuyu, batıyı dolaşır olmuşlardır... Rasûlullah -sallallahu aleyhi ve sellem- evine şeriate uygun bir ziyaret yapmak, bizim daha çok hakkımızdır. Orada onun gerçek hayatını göreceğiz ve görüp öğrendiklerimizi ciddi olarak uygulamaya geçeceğiz. Yerimizin darlığı dolayısıyla onun evinde muayyen bazı hususlar üzerinde duracağız... Belki bu yolla nefislerimizi eğitir ve bunları evimizde uygularız.

Müslüman kardeşim!

Bizler gözlerimizle göremediğimiz hususlarla hoşça vakit geçirelim ve sadece bizden önce geçip gidenlerin halini görelim diye geçmiş yıllara ve asırlara geri dönmüyoruz... Bizler Peygamber -sallallahu aleyhi ve sellem- sîretini okumak, sünnetine uymakla, onun izlediği yolu izlemekle Allah'a ibadet etmiş oluyoruz. Böylelikle yüce Rabbimizin o şerefli rasûlü sevmemizi farz kılan emrini yerine getirmiş olacağız. Onu sevmemizin en önemli alâmetlerinden birisi de verdiği emirlerde ona itaat etmek, yasakladığı ve yaklaşılmamasını istediği hususlardan kaçınmaktır.

Yüce Allah ona itaat etmenin, emrine uymanın, onu uyulacak önder kabul etmenin farz oluşu hakkında şöyle buyurmaktadır:

"De ki: 'Eğer Allah'ı seviyorsanız bana uyun ki, Allah da sizi sevsin ve günahlarınızı bağışlasın. Allah günahları çok çok bağışlayandır, çok merhametlidir." (Âl-i İmran, 3/31)

Bir başka yerde de şöyle buyurmaktadır:

"Andolsun ki sizin için, Allah'ı ve âhiret gününü ümid eden ve Allah'ı çokça anan kimseler için Rasûlullah'da güzel bir örnek vardır." (el-Ahzâb, 33/21)

Yüce Allah Rasûlüne itaat edip, onun izinden gitmeyi Kur'ân-ı Kerîm'de yaklaşık kırk yerde sözkonusu etmektedir.[2] Rasûlullah -sallallahu aleyhi ve sellem-'e uymadan kulların mutlu olmalarına, âhirette kurtuluşa ermelerine imkân yoktur.

"Kim Allah'a ve Rasûlüne itaat ederse onu orada ebediyyen kalmak üzere altından ırmaklar akan cennetlere sokar. İşte en büyük kurtuluş budur. Kim de Allah'a ve Rasûlüne isyan eder, sınırlarını aşarsa onu da orada ebedi kalmak üzere bir ateşe koyar. Üstelik onun için küçültücü bir azap da vardır." (en-Nisâ, 4/13-14)

Rasûlullah -sallallahu aleyhi ve sellem- kendisini sevmeyi imanın tadına varmanın sebepleri arasında saymıştır. O şöyle buyurmaktadır:

"Üç husus kimde bulunursa o imanın tadına varır: Allah'ı ve Rasûlünü onların dışındaki her bir şeyden daha çok sevmek..."[3]

Yine Peygamber -sallallahu aleyhi ve sellem- şöyle buyurmuştur:

"Nefsim elinde olana yemin ederim ki, sizden herhangi bir kimse beni babasından da, çocuğundan da daha çok sevmedikçe iman etmiş olmaz."[4]

Rasûlullah -sallallahu aleyhi ve sellem- sîreti çok hoş ve tertemiz bir sîrettir. Biz ondan öğreneceklerimizi öğreniyor ve onun hidayet yolu üzerinde yürüyoruz.

---

2   İbn Teymiye, Mecmûu'l-Fetâvâ, I, 4
3   Buhârî, Müslim.
4   Müslim.

YOLCULUK

Rasûlullah -sallallahu aleyhi ve sellem- evinin bulunduğu yere yolculuk yapmak, hayatının inceliklerini, davranış üslûbunu görmek insanı oldukça şevklendirir. Hele bunu yaparken Allah'tan ecir ve mükâfat beklerse... Şüphesiz ki bu bir öğüt, bir ibrettir. Bir sîrettir ve bir önderliktir. Tâbi oluş ve örnekliktir... Bu yolculuk kitaplar arasında ashab-ı kiram'ın naklettiği rivâyetler arasında gerçekleşecektir. Yoksa herhangi bir kabre yahut Rasûlullah -sallallahu aleyhi ve sellem- evine veya başka bir yere (taabbudî ziyaret yapmak üzere) yolculuk için yükleri vurmak caiz değildir. Rasûlullah -sallallahu aleyhi ve sellem- şu buyruğunda zikrettiği üç mescid bundan müstesnadır:

"Yükler şu üç mescid dışında bir yere gitmek için bağlanmaz: Mescid-i Haram, benim bu mescidim ve Mescid-i Aksâ"[5]

Bizler de Rasûlullah -sallallahu aleyhi ve sellem- emrine uymalı ve bu üç mescid dışında herhangi bir yere (taabbudî) ziyaret için yüklerimizi bağlamamalıyız. Yüce Allah da: "Hem peygamber size ne verdi ise onu alın, neyi yasak etti ise de sakının." (el-Haşr, 59/7) diye buyurmaktadır.

Bizler Peygamber -sallallahu aleyhi ve sellem- geriye bıraktığı eserleri araştırmıyoruz. İbn Vaddâh dedi ki: "Ömer b. el-Hattab -radıyallahu anh- altında Peygamber -sallallahu aleyhi ve sellem-'e bey'atin yapıldığı ağacın kesilmesini emretti. Kesilmesini emretmesine sebep insanların gidip onun altında namaz kılmalarıdır. O fitneye düşmelerinden korkmuştu."[6]

İbn Teymiye -Allah'ın rahmeti üzerine olsun- Hira mağarası hakkında şunları söylemektedir: "Peygamber -sallallahu aleyhi ve sellem-, peygamberlikten önce orada ibadete çekilirdi. İlk olarak vahiy orada onun üzerine indi, fakat ona vahyin ilk inişinden itibaren bir daha o mağaraya çıkmadı, ona ne kendisi, ne de ashabı yaklaşmadı. Peygamberlikten sonra Mekke'de on küsûr yıl kaldı. O mağarayı ziyaret etmedi, oraya çıkmadı. Aynı şekilde Mekke'de onunla beraber olan mü'minler oraya çıkmadılar. Nebi -sallallahu aleyhi ve sellem- hicretten

---

5   Buhârî, Müslim
6   Kıssa Buhârî ve Müslim›dedir.

sonra Hudeybiye umresinde ve Mekke'nin fethi sırasında Mekke'ye defalarca geldi ve yaklaşık Mekke'de yirmi gün kaldı, Ci'râne umresi sırasında da oralara geldi fakat hiçbirisinde Hira mağarasına gitmedi, orayı ziyaret de etmedi..."[7]

İşte bizler Peygamber şehrine yaklaşıyoruz. İşte onun en büyük alâmetlerinden birisini görmeye başladık. Bu, Rasûlullah -sallallahu aleyhi ve sellem- hakkında: "Bu bizim kendisini sevdiğimiz, kendisinin de bizi sevdiği bir dağdır."[8] dediği Uhud dağıdır.

Rasûlullah -sallallahu aleyhi ve sellem- evine girip, evinin yapısını, şeklini henüz görmüyoruz... Küçük bir mesken ve mütevazi bir döşek görecek olursak hayret etmeyelim. Çünkü Rasûlullah -sallallahu aleyhi ve sellem- insanlar arasında dünyaya karşı en zâhid bir kimse idi. O dünyadan mümkün olduğu kadar az şeyler alırdı. Dünyanın süslerine, mallarına göz dikmezdi. "Aksine onun gözbebeği, nuru namazdı."[9]

Peygamber -sallallahu aleyhi ve sellem- dünya hakkında şöyle buyurmuştur:

"Dünyadan bana ne! Benim ve dünyanın misali, ancak sıcak bir günde yol alan, bir ağacın altında günün kısa bir süresi içerisinde gölgelendikten sonra gidip onu terkeden kimsenin durumuna benzer."[10]

Rasûlullah -sallallahu aleyhi ve sellem- evine yöneldik. Medine yollarında hızlı adımlarla yürüyoruz... İşte Rasûlullah -sallallahu aleyhi ve sellem- hanımlarının hücreleri göründü. Bunlar üzerleri çamur ile sıvanmış, kuru hurma dallarından bina edilmiş, bazıları üstüste yığılmış taşlardan yapılmış, fakat hepsinin tavanları kuru hurma dallarıyla kapatılmış.

el-Hasen şöyle derdi: Osman b. Affan'ın halifeliği döneminde Peygamber -sallallahu aleyhi ve sellem- hanımlarının odalarına girerdim, onların tavanlarına elim değiyordu.[11] Gerçekten mütevazi bir ev ve küçük odalar... Fakat bunlar iman ile, itaat ile, vahiy ile, risalet ile ma'mur kılınmış...

---

7   Aynı eser, XXVII, 251
8   Buhârî ve Müslim
9   Nesâî
10   Tirmizî
11   İbn Sa›d, et-Tabakatu›l-Kübrâ, I, 499, 501; Ayrıca bk. İbn Kesir, es-Siyretu›n-Nebeviyye, II, 274

RASÛLULLAH -sallallahu aleyhi ve sellem-'in NİTELİKLERİ

Peygamber evine yaklaşıyor ve içeri girmek için izin almak üzere kapısını çalıyoruz. Bırakalım da hayal Peygamber -sallallahu aleyhi ve sellem-'i görenlerle birlikte yol alsın... Bize onu gözlerimizle görüyormuşçasına anlatsın... Böylece onun çok şerefli kişiliği ve tebessüm eden çehresini tanıyabilelim.

el-Berâ b. Âzib -radıyallahu anh- dedi ki: "Peygamber -sallallahu aleyhi ve sellem- insanlar arasında yüzü de en güzel, ahlâkı da en güzel kimse idi. Ne fazla uzundu, ne de kısa boyluydu."[12]

Yine o şöyle demiştir: "Peygamber -sallallahu aleyhi ve sellem- orta boyluydu. Omuzlarının arası genişti. Kulaklarının yumuşağına kadar ulaşan saçı vardı. Onu kırmızı bir elbise giyinmişken gördüm. Ondan daha güzel hiçbir şey görmedim."[13]

Ebu İshak es-Sübey'î dedi ki: Bir adam Berâ b. Âzib'e sordu: Rasûlullah -sallallahu aleyhi ve sellem- yüzü kılıç gibi (parlak) mı idi? O: Hayır, onun yüzü ay gibiydi, dedi."[14]

Enes -radıyallahu anh- dedi ki: "Ben Rasûlullah -sallallahu aleyhi ve sellem- elinden daha yumuşak ne ince, ne de kalın bir ipeğe, ne de herhangi bir şeye dokunmuş değilim. Rasûlullah -sallallahu aleyhi ve sellem- kokusundan daha hoş hiçbir koku da koklamış değilim."[15]

Peygamber -sallallahu aleyhi ve sellem- niteliklerinden birisi de oldukça haya sahibi olması idi. Öyle ki Ebu Said el-Hudrî -radıyallahu anh- onun hakkında şöyle demektedir: "Peygamber -sallallahu aleyhi ve sellem-, örtülerinin arasında bakire kızdan daha çok haya sahibi idi. Hoşuna gitmedik bir şey gördüğü vakit, biz bunu onun yüzünden anlardık."[16]

---

12   Buhârî.
13   Buhârî.
14   Buhârî
15   Buhârî ve Müslim.
16   Buhârî.

Rasûlullah -sallallahu aleyhi ve sellem- yaratılışı ve ahlâkının niteliğine dair oldukça özlü niteliklerdir bunlar. Yüce Allah onun hem ahlâkını, hem yaratılışını eksiksiz kılmıştı. Anam babam feda olsun ona.

RASÛLULLAH -sallallahu aleyhi ve sellem-'in KONUŞMASI

Rasûlullah -sallallahu aleyhi ve sellem-'i ve bazı özelliklerini gördükten sonra... Onun konuşmasını, sözlerini görelim. Konuşmasının nitelikleri nelerdir ve nasıl konuşurdu? Peygamber -sallallahu aleyhi ve sellem- konuşmadan önce (onu dinlemiş olanlara) kulak verelim... Âişe -radıyallahu anha- dedi ki: "Rasûlullah -sallallahu aleyhi ve sellem- sizin bu yaptığınız gibi hızlı hızlı konuşmazdı. O açık seçik, yanında oturanın belleyip anlayacağı bir şekilde konuşurdu."[17]

Peygamber -sallallahu aleyhi ve sellem- yumuşak birisi idi. Sözünün anlaşılmasını arzu ederdi. Ümmetine aşırı düşkünlüğünden ötürü insanlar arasındaki farklılıkları anlayış ve kavrayış mertebelerini gözönünde bulundururdu... Bu durum onun son derece halîm (insanların verdiği sıkıntılara tahammülkâr) ve sabırlı olmasını gerektirir.

Âişe -radıyallahu anha- dedi ki: "Rasûlullah -sallallahu aleyhi ve sellem- sözü açık seçik idi. Onu dinleyen herkes onun sözünü anlardı."[18]

Rasûlullah -sallallahu aleyhi ve sellem- anlaşılsın diye sözünü tekrarladığını düşünelim de ne kadar yumuşak, ne kadar geniş ve tahammülkâr olduğunu anlamaya çalışalım...

Enes b. Malik -radıyallahu anh- dedi ki: "Rasûlullah -sallallahu aleyhi ve sellem- söylediği söz iyice bellensin diye, söylediklerini üç defa tekrar ederdi."[19]

Peygamber -sallallahu aleyhi ve sellem- insanlarla latife yapar, onların korkularını teskin ederdi. Çünkü bazıları heybete ve korkuya kapılabiliyordu.

---

17   Ebû Dâvûd.
18   Ebû Dâvûd.
19   Buhârî.

İbn Mesud -radıyallahu anh- dedi ki: Bir adam Peygamber -sallallahu aleyhi ve sellem- yanına geldi. Onunla konuştu, adam titremeye başladı. Peygamber -sallallahu aleyhi ve sellem- ona şöyle dedi:
"Yavaş ol, ben bir kral değilim. Ben kurutulmuş et yiyen bir kadının oğluyum, o kadar."[20]

EVİN İÇİNDE

Bize izin verildi, biz de bu ümmetin Peygamberinin evinin ortasında yerimizi aldık. Etrafa bir göz atalım ve ashab-ı kiram bize bu evin gerçek şeklini, oradaki döşek, mefruşat, araç-gereç ve diğerlerini olduğu gibi aktarsın.

Biz biliyoruz ki odalarda, evlerde gelişigüzel bakmamak, oralara gözatmamak gerekir. Fakat uymak ve izinden gitmek maksadıyla bu yüce evde bulunan bazı şeyleri görelim istiyoruz. Bu, temeli alçak gönüllülük, sermayesi iman olan bir evdir... Onun duvarlarında günümüzde çoğu kimselerin astığı canlı sûretler bulunmamaktadır. Çünkü o yüce Nebi şöyle buyurmuştur:
"İçerisinde köpek yahut sûretler bulunan bir eve melekler girmez."[21]

Daha sonra Rasûlullah -sallallahu aleyhi ve sellem- günlük hayatında kullandığı bazı şeyleri görmek üzere etrafa bir bakalım.

Sâbit'ten şöyle dediği rivâyet edilmiştir: Enes b. Mâlik bize ahşaptan demir ile bağlanmış kaba, ahşap bir kâse çıkardı. Ey Sâbit, dedi. Bu Rasûlullah -sallallahu aleyhi ve sellem- kasesi idi.[22]

Peygamber -sallallahu aleyhi ve sellem- bu kâse ile su, içine atılan hurmalarla tadı güzelleştirilmiş su, bal ve süt içerdi.[23]

Enes -radıyallahu anh-'dan rivâyete göre Rasûlullah -sallallahu aleyhi ve sellem- bir şey içtiği zaman üç defa nefes alırdı.[24] Yani kabın dışında (onu ağzından çektikten sonra) teneffüs ederdi.

---

20   İbn Mâce.
21   Buhârî.
22   Tirmizî.
23   Tirmizî.
24   Buhârî ve Müslim.

Peygamber -sallallahu aleyhi ve sellem- kaba teneffüs edilmesini ya da ona üflenmesini yasaklamıştır.[25]

Rasûlullah -sallallahu aleyhi ve sellem- cihadında, savaş alanlarında, zorlu çarpışma günlerinde giyindiği zırhı ise muhtemelen şu anda evde değil... Rasûlullah -sallallahu aleyhi ve sellem- onu bir Yahudi'nin yanında, ondan borç olarak aldığı otuz sa' karşılığında rehin bırakmıştı. Âişe -radıyallahu anha-'nın dediği gibi[26], Rasûlullah -sallallahu aleyhi ve sellem- vefat ettiğinde zırhı o Yahudi'nin yanındaydı.

Peygamber -sallallahu aleyhi ve sellem- aile halkının yanına -onların hainliklerinden endişe edercesine- ansızın girmezdi. Fakat hanımları onun geleceğini bildikleri vakitlerde yanlarına gider, onlara selâm verirdi.[27]

Şimdi tetkik edici bir göz ve uyanık bir kalp ile Rasûlullah -sallallahu aleyhi ve sellem- şu hadisi üzerinde düşünelim:
"İslama hidâyet olunan ve geçimi yeteri kadarıyla olup, ona kanaat gösteren kimseye ne mutlu!"[28]

Pek büyük şu diğer hadise de kulak verelim:
"Her kim çoluk-çocuğu arasında emniyet içerisinde, bedeni afiyette olduğu, yanında o günün yiyeceği bulunduğu halde sabahı ederse, sanki ona dünya her şeyi ile verilmiş gibidir."[29]

AKRABALAR

Bu ümmetin Peygamberinin vefakârlığını, akrabalık bağını gözetmesini anlatacak yeterli söz bulamayız. O bu hususta da insanların en mükemmeli ve en eksiksizi idi... O kadar ki Kureyş kâfirleri bile peygamber olarak gönderilmeden önce onu emin ve sâdık olmakla nitelendirmiş, onu övmüşlerdi. Hatice -radıyallahu anha-onu: Sen akrabalık bağını gözetir ve doğru konuşursun, diye nitelendirmiştir.

25   Tirmizî.
26   Buhârî ve Müslim.
27   İbnu'l-Kayyim, Zadu'l-Meâd, II, 381
28   Tirmizî.
29   Tirmizî.

İşte o yüce Peygamber hakların en büyüğünü ve vaciplerin en üstününü yerine getiriyor... Kendisi yedi yaşında iken vefat etmiş bulunan annesini ziyaret ediyor.

Ebu Hureyre -radıyallahu anh- dedi ki: Peygamber -sallallahu aleyhi ve sellem- annesinin kabrini ziyaret etti. Ağladı, etrafındakileri de ağlattı. Sonra şöyle buyurdu:

"Rabbimden ona mağfiret dilemek için izin istedim. Bana izin vermedi. Ondan kabrini ziyaret edeyim diye izin istedim, bana izin verdi. O bakımdan siz de kabirleri ziyaret ediniz. Çünkü o (kabirleri ziyaret) ölümü hatırlatır."[30]

Peygamber -sallallahu aleyhi ve sellem- akrabaları için ne kadar hırslı olduğuna, onlara dua etmeye, hidayet bulmalarına, onları cehennem ateşinden kurtarmaya ne kadar istekli olduğunu... Bunun için de ne kadar zorluklara katlandığını düşünelim.

Ebu Hureyre -radıyallahu anh-'dan dedi ki: Şu: "Yakın akrabalarını uyar." (eş-Şuara, 26/214) âyeti nâzil olunca, Rasûlullah -sallallahu aleyhi ve sellem- Kureyş kabilesini çağırdı. Onlar da toplandılar. Genel ve özel olarak hepsini sözkonusu etti ve dedi ki:

"Ey Abdi Şems oğulları, ey Ka'b b. Luey oğulları, kendinizi cehennem ateşinden kurtarınız. Ey Murre b. Ka'b oğulları, kendinizi cehennem ateşinden kurtarınız. Ey Abd-i Menaf oğulları kendinizi cehennem ateşinden kurtarınız. Ey Haşim oğulları, kendinizi cehennem ateşinden kurtarınız. Ey Abdu'l-Muttalib oğulları, kendinizi cehennem ateşinden kurtarınız. Ey Fatıma, kendini cehennem ateşinden kurtar. Çünkü benim Allah'a karşı size hiçbir faydam olmaz. Şu kadar var ki, sizin benimle bir akrabalığınız vardır. Ben de bu akrabalık bağını dünyada iken gözeteceğim."[31]

İşte o sevgili Peygamber hiç usanmadan amcası Ebu Talib'i davet etti, durdu, ardı arkasına onu dine davetini tekrarladı. Nihayet ölüm döşeğinde iken yanına geldi: "Ebu Talib'in ölümü yaklaştığında Peygamber -sallallahu aleyhi ve sellem- yanına girdi. Yanında Ebu Cehil ve Abdullah b. Ebi Umeyye de vardı. Peygamber ona dedi ki:

---

30   Müslim.
31   Müslim.

"Amcacığım, lâ ilâhe illallah de ki bu sözü ileri sürerek Allah huzurunda senin lehine delil göstereyim." Ebu Cehil ile Abdullah b. Ebi Umeyye: Ey Ebu Talib dediler. Sen Abdu'l-Muttalib'in dininden yüz mü çevireceksin? Bu ikisi onunla konuşup durdular. Nihayet onlar ile konuşurken söylediği son söz: Abdu'l-Muttalib'in dini üzere... oldu."

Peygamber -sallallahu aleyhi ve sellem-: "Andolsun bana yasaklanmadığı sürece senin için mağfiret dileyeceğim" dedi. Bunun üzerine şu buyruklar indi:

"O çılgın ateşlikler oldukları açıkça ortaya çıktıktan sonra -akrabaları dahi olsalar- müşriklere Peygamberin de, mü'minlerin de mağfiret dilemeleri olur şey değildir." (et-Tevbe, 9/113).

"Muhakkak ki sen sevdiğini hidayete erdiremezsin." (el-Kasas, 28/56) âyeti de nazil oldu.[32]

Rasûlullah -sallallahu aleyhi ve sellem- hayatta iken onu defalarca davet etmişti. Ölümü esnasında son anlarında da onu davet etti. Arkasından ona iyilik ve rahmetinden ötürü belirtilen âyet ininceye kadar ona mağfiret diledi. Âyet nâzil olunca Peygamber -sallallahu aleyhi ve sellem- emri dinleyip itaat etti ve müşrik akrabalarına dua etmeyi terketti.

Bunlar ümmete karşı olan rahmet tablolarından pek büyük tablolardır. Ayrıca bu dini esas alarak başkalarını dost edinmeye ve yine bu din esasına göre kâfir ve müşriklerden uzaklığı ortaya koymaya dair bir tablodur. İsterse kendilerinden uzaklaşılanlar akraba olsunlar.

" Bir ümitsizlik ve fetret döneminden sonra bize bir peygamber geldi.

Yeryüzünde putlara ibadet ediliyordu.

O etrafı aydınlatan bir kandil oldu, yol gösterdi.

Parıldayan Hind kılıcı gibi parıldadı.

Ve bir ateşten korkuttu, bir cenneti müjdeledi

Ve bize İslâmı öğretti. Allah'a hamdederiz."

---

32   Ahmed, Buhârî ve Müslim.

EVİNDE PEYGAMBER

İnsanın güzel ahlâkını, mükemmel edebini, hoş geçimini ve temiz ruhunu açıkça ortaya koyan gerçek ölçüsü evidir. Çünkü odasında, duvarların arkasında hiçbir insan onu görmez. Kölesi, hizmetçisi ya da hanımı ile birlikte iken karakterine göre, yapmacıklık sözkonusu olmadan, güzel görünme arzusuna kapılmadan alabildiğine alçak gönüllülük ile hareket eder... Bununla birlikte o bu evin efendisi, emir edicisi, yasak koyucusudur... Elinin altındakilerin hepsi güçsüz kimselerdir... Şimdi bu ümmetin rasûlü, önderi ve öğretmeninin durumunu dikkatle inceleyelim. Kendisi bu pek büyük mevkide, pek üstün böyle bir mertebede bulunmakla birlikte evinde nasıldı?

Âişe -radıyallahu anha-'ya soruldu: Rasûlullah -sallallahu aleyhi ve sellem- evinde ne yapardı? Şöyle dedi: "O insanlardan bir insan idi. Elbisesini diker, koyununu kendi eliyle sağar, kendi işini kendi görürdü."[33]

O yüce Peygamber alçak gönüllülüğün, büyüklenmemenin, başkalarına yük olmamanın örneği idi. O insanlarla ilişkileri çok güzel, yardımlaşması pek üstündü. Bu dinin nurunun parıldadığı o mübarek evde karnını doyuracak bir şey bulamayan Âdemoğullarının en seçkini bütün bunları mı yapardı?

En-Numan b. Beşîr -radıyallahu anh-, Peygamber -sallallahu aleyhi ve sellem- -eksiksiz salât ve en temiz selâmlar ona olsun- durumunu sözkonusu ederken şunları söylemektedir: "Andolsun ben peygamberinizi adi hurmadan bile karnını doyuracak kadarını bulamazken gördüm." [34]

Âişe -radıyallahu anha- dedi ki: "Biz, Muhammed'in hanımları bazen bir ay geçer (yemek pişirmek için) bir ateş yakmazdık. Bütün yiyeceğimiz, içeceğimiz hurma ve sudan ibaretti."[35]

Peygamber -sallallahu aleyhi ve sellem-'i Allah'a ibadetten ve itaatten alıkoyacak, uğraştıracak bir şey yoktu: O müezzinin "hayyeale's-salâh, hayyeale'l-felâh" nidâsını duydu mu, hemen o çağrıya koşar ve dünyayı arkasında bırakır, giderdi.

---

33   Ahmed ve Tirmizî.
34   Müslim.
35   Buhârî.

El-Esved b. Yezid'den şöyle dediği rivâyet edilmiştir: Âişe -radıyallahu anha-'ya sordum: Peygamber -sallallahu aleyhi ve sellem- evde ne yapardı? Şöyle dedi: "O aile halkının işlerini yapardı. Ezanı duydu mu çıkar giderdi." [36]

Peygamber -sallallahu aleyhi ve sellem- farz namazı evinde kıldığı kesinlikle rivâyet edilmiş değildir. Bundan tek istisnâ vefatı ile sonuçlanan hastalığı ağırlaştığında ve ateşi yükselip, dışarı çıkması zorlaştığı zamanda olmuştu.

O ümmetine oldukça merhametli ve şefkatli olmakla birlikte cemaatle beraber namaz kılmayı terkedenler hakkında ağır ifadeler kullanarak şöyle buyurmuştu: "İçimden şunu geçirdim: Emir vereyim namaz için kamet getirilsin, sonra bir adama cemaate namaz kıldırmasını emredeyim. Sonra beraberlerinde odun demetleri bulunan birtakım kimselerle gideyim de cemaatle namaza gelmeyen bir topluluk evleri içinde bulunuyorlarken evlerini yakayım."[37]

Bunun tek sebebi, namazın cemaatle kılınmasının önemi ve büyüklüğüdür. Peygamber -sallallahu aleyhi ve sellem- şöyle buyurdu:
"Kim ezanı duyar da o çağrıya uyarak cemaate gelmezse -bir mazeretinin olması hali dışında- onun namazı olmaz."[38] Mazeret ise korku ya da hastalıktır.

Bugün hanımlarının yanında namaz kılıp, mescidleri terkedenler nerede? Hastalık ya da korku mazereti nerede?

ÖRNEK KİŞİLİĞİ VE YÖNLENDİRMELERİ

İnsanın hareketleri, yaptıkları ve terkettikleri onun aklının göstergesi, kalbinin marifetinin anahtarıdır: Ebu Bekir es-Sıddîk -radıyallahu anh-'in kızı, mü'minlerin annesi Âişe -radıyallahu anha- Peygamber -sallallahu aleyhi ve sellem- ahlâkını en iyi bilen, onun halini en incelikli anlatan kişidir. Çünkü uyurken, uyanıkken, sağlıklı ya da hasta iken, hoşnut ya da kızgın iken ona pek yakındı... Mü'minlerin annesi Âişe -radıyallahu anha- diyor ki: "Rasûlulah

---

36   Müslim.
37   Buhârî ve Müslim.
38   İbn Mace, İbn Hibban.

-sallallahu aleyhi ve sellem- ne çirkin söz söyler, ne çirkin iş yapar, ne de bu konuda herhangi bir gayret gösterirdi. Çarşı-pazarlarda yüksek sesle bağırıp çağırmaz, kötülüğe kötülükle karşılık vermez, aksine affedip bağışlardı."[39]

İşte ilâhî bir rahmet ve pek büyük bir nimet olan bu ümmetin peygamberinin ahlâkı bu idi. Torunu el-Huseyn -radıyallahu anh- bizlere şu sözleriyle onun örnek ahlâkını kısmen de olsa şöyle anlatmaktadır: Ben babama Peygamber -sallallahu aleyhi ve sellem- oturup, kalktığı kimselere karşı nasıl davrandığına dair soru sordum. Şu cevabı verdi: "Peygamber -sallallahu aleyhi ve sellem- daima güler yüzlü idi. Yumuşak huylu ve başkalarına karşı sert davranmayan birisi idi. Kaba, haşin, bağırıp çağıran bir kişi olmadığı gibi; ne ayıplar, ne cimrilik ederdi. Hoşuna gitmeyen şeyi görmezlikten gelir, ondan bir şeyler ümid eden kimseyi ümidsizliğe düşürmez, beklentisini boşa çıkarmazdı. Kendi nefsi ile ilgili olarak şu üç şeyi terketmişti: Riyakârlık, çoğa talip olmak ve kendisini ilgilendirmeyen şeyler. İnsanlar hakkında da şu üç hususu terketmişti: Kimseyi yermez, kimseyi ayıplamaz, onun kusurunu araştırmazdı. Sevap elde etmeyi ümit etmediği hiçbir hususta konuşmazdı. O konuştuğu zaman onunla birlikte oturanlar sanki başlarının üzerinde kuş varmış gibi hareketsiz durur, başlarını önlerine eğerlerdi. O sustu mu onlar konuşurlardı. Onun yanında biri diğerinin sözünü kesmezdi. Yanında konuşanı sözlerini bitirinceye kadar dinlerlerdi. Onun yanında konuşanlar arasında ilk konuşmaya başlayanı dinlerdi. Güldükleri şeylere o da güler, hayret edip şaşırdıkları şeylere o da hayret ederdi. Yabancı kimsenin konuşmasındaki ve soru sormasındaki kabalığına tahammül ederdi. Hatta onun ashabı onların gelmelerini (Peygambere bilmedikleri hususlara dair soru sormalarını) isterlerdi. O: "Bir ihtiyaç sahibinin bir şeyi istediğini görecek olursanız, siz de ona yardımcı olunuz." derdi. Kendisine bir iyilik yaptığı için, ona mükâfat ve karşılık vermek maksadıyla kendisini öven kimse dışındakilerin övgülerini kabul etmezdi. Kimsenin sözünü haddi aşmadıkça kesmezdi. Eğer haddi aşarsa sözünü kesmesini söyleyerek, ya da kalkıp giderek konuşmasını keserdi."[40]

Bu ümmetin peygamberinin ardı arkasına sıralanan bu güzel hasletleri ve

---

39   Ahmed.
40   Tirmizî.

karakteri üzerinde iyice düşünelim... Bunların bir ucundan (onlara sahip olmak gayesiyle) tutunalım ve bundan pay sahibi olmak için kendimizle gereken mücadeleyi verelim. Çünkü bütün hayırlar bundadır.

Peygamber -sallallahu aleyhi ve sellem- örnekliklerinden birisi de meclisinde oturanlara dinlerini öğretmesi idi... Onun şu buyruğu da işte bu kabildendir: "Her kim Allah'ın dışında ona bir eş koşarak ölürse, cehenneme girer."[41]

Peygamber -sallallahu aleyhi ve sellem- şu buyruğu da öyledir: "Müslüman, müslümanların dilinden ve elinden zarar görmediği kimse, muhacir de Allah'ın yasakladıklarından uzak duran kimsedir."[42]

Yine Peygamber -sallallahu aleyhi ve sellem- bu kabilden olmak üzere şöyle buyurmaktadır: "Karanlıklarda mescidlere yürüyenlere kıyamet gününde eksiksiz nura sahip olacakları müjdesini veririz."[43]

Bir başka hadisinde şöyle buyurmaktadır: "Müşriklerle mallarınızla, canlarınızla ve dillerinizle cihad ediniz."[44]

Yine Peygamber efendimizden şöyle buyurduğu rivâyet edilmiştir: "Kul bazen iyice düşünmeden bir söz söyler de o söylediği söz sebebiyle doğu ile batı arasındaki uzaklıktan daha fazla bir mesafe (boyunca) cehennemde aşağıya düşer."[45]

Bir başka hadisinde şöyle buyurmaktadır: "Ben lanet okuyan birisi olarak gönderilmedim, ben rahmet olarak gönderildim."[46]

Ömer -radıyallahu anh-'dan rivâyete göre Rasûlullah -sallallahu aleyhi ve sellem- şöyle buyurmuştur: "Hristiyanların Meryemoğlu'nu tazim ettikleri gibi siz de beni tazim etmeyiniz."[47]

---

41   Buhârî.
42   Buhârî ve Müslim.
43   Tirmizî ve Ebû Davûd.
44   Ebû Davûd.
45   Buhârî ve Müslim.
46   Müslim.
47   Buhârî ve Müslim.

Buradaki "tazim (ittırâ)" övgüde haddi aşmak demektir.

Cundub b. Abdullah'tan şöyle dediği rivâyet edilmiştir: Ben Peygamber -sallallahu aleyhi ve sellem-'i vefatından beş gün önce şöyle buyururken dinledim:

"Benim, aranızdan bir halilimin (can dostumun) bulunmasından uzak olduğumu Allah'a bildiriyorum. Çünkü şüphesiz Allah beni halîl edinmiş bulunmaktadır. Tıpkı İbrahim'i halîl edindiği gibi. Ve eğer ben ümmetim arasından birisini halîl edinecek olsaydım, Ebu Bekir'i halîl edinecektim. Dikkat ediniz, sizden öncekiler peygamberlerinin kabirlerini mescid ediniyorlardı. Dikkat ediniz, kabirleri mescid edinmeyiniz. Ben size bu işi yasaklıyorum."[48]

Buna göre içinde kabir ya da kabirler bulunan mescidlerde namaz kılmak şirke götüren bir yoldur ve asla caiz değildir.

PEYGAMBER EFENDİMİZİN KIZ ÇOCUKLARI

Cahiliye döneminde kız çocuğunun doğması anne-baba hayatında kapkara bir gün olarak kabul ediliyordu. Hatta ailenin ve kabilenin hayatında bile bu böyle idi. Toplum bu hali kız çocuklarını -utanç ya da rezillik korkusuyla- diri diri gömmek noktasına kadar götürmüştü. Kız çocuklarının diri diri gömülmesi, merhametin hiçbir şekilde yerinin bulunmadığı, sevginin sözkonusu olmadığı, oldukça katı ve vahşi bir şekilde gerçekleşiyordu. Kız çocuğu diri diri gömülüyordu. Onlar bu günahı işlemekte çeşitli tekniklere de sahip idiler. Kimisinin kız çocuğu oldu mu onu altı yaşına basıncaya kadar bırakır, sonra annesine şöyle derdi: Sen bunu kokulandır ve süsle! Çünkü onu hısımlarına götüreceğim. Bu sırada ise çölde bir çukur kazmış oluyordu. Bu çukura gelince, ona şuraya bir bak, der. Sonra da onu şiddetlice iter, arkasından oldukça vahşi ve katı bir surette üzerine toprağı yığardı.

İşte bu cahilî toplum ortamında Rasûlullah -sallallahu aleyhi ve sellem- anne olarak, eş olarak, kız çocuğu, kızkardeş ve hala ve teyze olarak kadına bu kadar büyük ve şerefli bir yer veren bu dini getirdi. Kız çocukları Rasûlullah -sallallahu

---

48   Müslim.

aleyhi ve sellem- sevgisine mazhar olmuşlardı. Kızı Fatıma yanına girdiği vakit onun için ayağa kalkar, elini tutar, onu öper, oturduğu yere oturturdu. Peygamberin kendisi Fatıma'nın yanına girdiğinde, o da onun önünde kalkar, elini tutar, onu öper ve oturduğu yere Peygamber efendimizi oturturdu.[49]

Peygamber -sallallahu aleyhi ve sellem- kızlarını çokça sevmesine, onlara oldukça ikramlarda bulunmasına rağmen kızları Ummu Gulsum'un ve Rukayye'nin kocaları tarafından boşanmalarına sabırla ve Allah'tan ecrini bekleyerek tahammül edip katlanmıştı. Kızları Ebu Leheb'in oğulları Utbe ve Uteybe'nin zevceleri idiler. Allah, Ebu Leheb hakkında: "Ebu Leheb'in iki eli kurusun" sûresini indirince, onlar da hanımlarını boşamışlardı. Peygamber -sallallahu aleyhi ve sellem- ise daveti terketmeyi ya da geri adım atmayı kabul etmedi. Kureyş, Peygamber efendimize tehdidini Rasûlullah -sallallahu aleyhi ve sellem- kızlarının boşanmasını sağlayacak kadar ileri götürdü. Fakat o bu dine davetten hiçbir şekilde yılmayarak, sebatla ve sabırla davetini sürdürdü.

Peygamber -sallallahu aleyhi ve sellem- kızını güleryüzle ve hoş bir şekilde karşılamasının tablolarından birisini Âişe -radıyallahu anha- şu sözleriyle bize anlatmaktadır: Peygamber -sallallahu aleyhi ve sellem- hanımları onun huzurunda bulunuyordu. Bu sırada Fâtıma -radıyallahu anha- yürüyerek geldi. Yürüyüşü tıpkı Rasûlullah -sallallahu aleyhi ve sellem- yürüyüşü gibi idi. Onu görünce, onu iltifatla karşılayarak: "Benim kızıma merhaba" dedi, sonra onu sağına ya da sol tarafına oturttu..."[50]

Peygamber efendimizin kızlarına iltifatının ve sevgisinin göstergelerinden bir tanesi de onları ziyaret etmesi, hallerini yakından öğrenmek istemesi, problemlerini çözmeye çalışmasıydı... Fâtıma -radıyallahu anha-, Peygamber -sallallahu aleyhi ve sellem-'e gelerek el değirmeni kullanmanın ellerine verdiği rahatsızlığı şikayet etti ve ondan bir hizmetçi istedi. Peygamber efendimizi bulamayınca, bunu Âişe -radıyallahu anha-'ya söyledi. Rasûlullah -sallallahu aleyhi ve sellem- gelince, Âişe ona durumu haber verdi. Ali -radıyallahu anh- dedi ki: Uyumak üzere yattığımız sırada yanımıza geldi. Biz kalkmak istedikse de o: Yerinizde kalınız, diye buyurdu. Sonra gelip aramızda oturdu, o kadar ki göğsümde ayaklarının serinliğini hissettim. Şöyle dedi:
"Sizlere sizin için bir hizmetçiden daha hayırlı olacak bir şeyi göstereyim

---

49   Ebû Davûd, Tirmizî ve Nesâî.
50   Müslim.

mi? Uyumak üzere yatağınıza çekildiğiniz yahut yattığınız takdirde otuzdört defa tekbir getirin. Otuzüç defa subhanallah deyin, otuzüç defa elhamdulillah deyin, bu sizin için bir hizmetçiden daha hayırlıdır."[51]

Sabrı ve tahammülkârlığı hususunda Rasûlullah -sallallahu aleyhi ve sellem-, bize güzel bir örnektir. O hayatta iken Fâtımâ -radıyallahu anha- dışında bütün oğulları ve kızları vefat etti. Bununla birlikte kederinden yüzüne vurmadı, elbisesini yırtmadı, taziye yemekleri vermedi, taziye meclisleri kurmadı. Aksine o yüce Allah'ın kaza ve kaderine karşı sabırlı, ecrini Allah'tan bekleyen ve Allah'ın kaderini rıza ile karşılayan bir tutum sergiliyordu.

Peygamber -sallallahu aleyhi ve sellem- kederlilere teselli ve onları rahatlatan pek büyük tavsiyelerde bulunmuş ve pek değerli hadisler bırakmıştır. Bunlardan birisi onun şu sözüdür:

"Muhakkak biz Allah'a aitiz ve muhakkak biz O'na döneceğiz. Allah'ım, bu musibetim dolayısıyla bana ecrimi ver, onun yerine bana ondan hayırlısını bağışla, diyecek olursa mutlaka Allah da ona, ondan hayırlısını verir."[52]

Yüce Allah, musibete uğrayan bir kimsenin istircâ'da bulunarak "innâ lillah ve inna ileyhi râciûn (muhakkak biz Allah'a aitiz ve O'na döneceğiz)" demesini musibetzedeler için bir sığınak kılmıştır. Sabredenlere; pek büyük mükâfatlar ve müjdeler vermiştir.

"Sabredenlere de ecirleri hiç şüphesiz hesapsız verilir." (ez-Zümer, 39/10)

EŞİNE KARŞI DAVRANIŞLARI

Küçük aile ocağında hanım, atın bağlandığı yer, ağacın gövdesi, huzur, sükûn ve yakınlığın kendisidir.

Rasûlullah -sallallahu aleyhi ve sellem- şöyle buyurmaktadır:
"Dünya tamamıyla bir metâdır. Dünya metâının hayırlısı ise sâliha bir zevcedir."[53]

Nebi -sallallahu aleyhi ve sellem- güzel ahlâkı ve hoş geçiminin bir göstergesi

---

51   Buhârî.
52   Müslim.
53   Sahihu)l-Camii)s-Sağir.

olarak... onun mü'minlerin annesi Âişe -radıyallahu anha-'ya isminin son harfini telâffuz etmeyerek (terhim ile) seslenip, sevinçten kalplerinin uçacağı bir hususu haber verdiğini görüyoruz.

Âişe -radıyallahu anha- dedi ki: Rasûlullah -sallallahu aleyhi ve sellem- bir gün bana şöyle dedi:

"Ey Âişe! İşte Cibril burada sana selam veriyor."[54]

İşte bu ümmetin peygamberi! Ahlâk itibariyle ümmetin en mükemmeli, mevki itibariyle en büyüğü olup, güzel geçim, yumuşaklık, hanımının eş olarak ruhî ve duygusal arzularını bildiğinin en parlak örneklerini verdiğini görüyoruz. O her bir hanımın ve dişinin sevdiği bir konuma onu yerleştiriyor. Böylelikle bu hanımın kocası nazarında alması gereken yeri almasını sağlıyor.

Âişe -radıyallahu anha- dedi ki: Ben ay hali iken kabtan su içer, onu Peygamber -sallallahu aleyhi ve sellem-'e verirdim. O ağzını benim ağzımı koyduğum yere koyuyor ve kabtan içiyordu. Kemiğin üzerindeki eti sıyırırdım, o da kemiği elimden alır. Ağzını benim ağzımı koyduğum yere koyar (öylece eti sıyırırdı)."[55]

Münafıkların iddia ettiği ve müsteşriklerin gülünç ithamlardan, batıl iddialardan alabildiğine uzaktı... Aksine o eşler ile geçinmenin en güzel ve en kolay yollarını arardı.

Âişe -radıyallahu anha-'dan şöyle dediği rivâyet edilmektedir: "Peygamber -sallallahu aleyhi ve sellem- hanımlarından birisini öptü, sonra da abdest almaksızın namaza çıkıp gitti."[56]

Rasûlullah -sallallahu aleyhi ve sellem- bir çok durumda kadının kendi nezdinde oldukça üstün bir yere sahip olduğunu açıkça belirtmekte, onların pek büyük bir yere ve üstün bir mevkiye sahip olduklarını ifade etmektedir... İşte Peygamber -sallallahu aleyhi ve sellem-, Amr b. el-Âs'ın sorusuna cevap veriyor ve olgun ve dosdoğru bir adamın hanımını sevmesinin utanılacak bir şey olmadığını ona söylüyor.

Amr b. el-Âs'dan rivâyete göre o Rasûlullah -sallallahu aleyhi ve sellem-'e:

---

54   Buhârî ve Müslim.
55   Müslim.
56   Ebû Davûd ve Tirmizî.

En sevdiğin insan kimdir, diye sormuş, Peygamber: "Âişe'dir" diye cevap vermiştir.[57]

Hayatında evlilik mutluluğunu canlandırmak isteyen bir kimse, mü'minlerin annesi Âişe -radıyallahu anha-nın rivâyet ettiği hadis üzerinde iyice düşünmeli, Peygamber -sallallahu aleyhi ve sellem- ona karşı nasıl davrandığını iyice tetkik etmelidir.

Âişe -radıyallahu anha- dedi ki: "Ben ve Rasûlullah -sallallahu aleyhi ve sellem- aynı kabtan yıkanırdık."[58]

Bu ümmetin peygamberi hanımını sevindirmek ve mübah olan her bir yolla onu mesud etmek için adeta hiçbir fırsatı kaçırmamıştır.

Âişe -radıyallahu anha- diyor ki: Seferlerinden birisinde Rasûlullah -sallallahu aleyhi ve sellem- ile birlikte çıktım. O sırada ben henüz genç idim. Vücudum pek et toplamamış ve fazla gelişmemişti. İnsanlara:
"Siz önden gidiniz." dedi. Onlar önden gitti, sonra:
"Hadi yarışalım" dedi. Ben de onunla yarıştım ve onu geçtim. Ben biraz kilo alıncaya, vücudum et toplanıp, bir parça şişmanlayıncaya kadar bana ses etmedi. Yine bir yolculukta onunla beraber çıktım, yine beraberindekilere:

"Önden gidiniz" diye buyurdu, sonra: "Hadi yarışalım" dedi. Bu sefer o beni geçti, gülmeye başladı ve: "Bu ona karşılıktır" diye buyurdu.[59]

Bu gerçekten çok güzel bir davranış, ileri derecede bir önemsemedir. Beraberindekilere hanımıyla yarışmak ve onu sevindirmek için önden gitmelerini emrediyor... Sonra o hanımına birisi geçmişte, diğeri az önce cereyan etmiş güzel bir davranışı hatırlatarak: "Bu ona karşılıktır." diyor.

Bugün Allah'ın geniş arzını dolaşıp da ileri gelenlerin hali üzerinde düşünen bir kimse şerefli bir peygamber, muzaffer bir kumandan, Kureyş'in ve Haşimoğulları'nın seçkini olarak Peygamber -sallallahu aleyhi ve sellem- yaptıklarına hayret eder... O bu yaptıklarını zafer kazandığı günlerde, pek büyük bir orduya kumandanlık edip, zafer kazanmış olarak geri döndüğü bir günde yapıyordu. Bununla birlikte o

---

57   Buhârî ve Müslim.
58   Buhârî.
59   Ahmed.

mü'minlerin anneleri olan hanımlarına karşı oldukça sevgi besleyen ve yumuşak davranan birisi idi. Ordu kumandanlığı, yolun uzunluğu, savaşta zafer kazanmış olmak, beraberinde yolun zorluklarını giderecek, meşakkatlerini ortadan kaldıracak, şefkatli bir dokunuşa, samimi bir fısıldayışa ihtiyacı bulunan zayıf hanımlarının beraberinde bulunduğunu ona unutturmuyordu.

Buhârî'nin rivâyetine göre Peygamber -sallallahu aleyhi ve sellem- Hayber gazvesinden dönüp, Huyey kızı Safiye -radıyallahu anha- ile evlendiğinde onun bindiği devenin etrafına bir örtü çektirip bu örtüyle onu setrediyordu. Sonra devesinin yanında kendisi oturuyor, dizini koyuyor, Safiye de ayağını deveye binmek üzere Peygamber -sallallahu aleyhi ve sellem- dizi üzerine koyuyordu... Bu tablo onun alçak gönüllülüğünü gösteren oldukça etkileyici bir manzaradır... Peygamber -sallallahu aleyhi ve sellem- muzaffer bir kumandan, Allah tarafından gönderilmiş bir peygamber olarak ümmetine şunu bildiriyordu: Hanımlarına karşı alçakgönüllü davranması, hanımına tevazu göstererek ona yardım etmesi, onu mutlu kılması, onun kadrini kıymetini asla eksiltmez.

Peygamber -sallallahu aleyhi ve sellem- ümmetine tavsiyelerinden birisi de şudur: "Dikkat edin, kadınlar hakkında birbirinize hayırlı tavsiyelerde bulunun..."[60]

Rasûlullah -sallallahu aleyhi ve sellem- onbir hanımla evlendi... Bunlar "mü'minlerin anneleri" adını aldılar... Vefat ettiğinde dokuz hanımı vardı... Bu şerefli hanımların sahip olduğu pek büyük şeref ve pek üstün mevki ne kadar da yücedir! Rasûlullah -sallallahu aleyhi ve sellem- yaşlı, dul, boşanmış, güçsüz kadınlarla evlendi. Bu kadınlar arasında Âişe -radıyallahu anha- dışında bakire kimse yoktu.

Rasûlullah -sallallahu aleyhi ve sellem- mü'minlerin anneleri ile evlendi ve onları aynı anda nikâhı altında tuttu. O adaletli uygulamasında ve paylaştırmasında bir örnekti. Âişe -radıyallahu anha-'dan şöyle dediği rivâyet edilmiştir: "Rasûlullah -sallallahu aleyhi ve sellem- bir yolculuğa çıkmak istediği takdirde hanımları arasında kura çekerdi. Kura hangisine çıkarsa onunla birlikte yola çıkardı. O hanımlarının her birisine özel bir gün ve bir gece ayırırdı."[61]

Uyguladığı adalet şekillerinden birisini de Enes b. Malik -radıyallahu anh-

---

60   Müslim.
61   Tirmizî.

şöylece rivâyet etmektedir: "Peygamber -sallallahu aleyhi ve sellem- dokuz hanımı vardı. Onlar arasında günlerini paylaştırıp, ilk hanıma ancak dokuz günde bir sırası gelirdi. Her gece, Peygamber efendimizin yanında kalacağı hanımın evinde toplanırlardı. Âişe'nin evinde oldukları bir sırada Zeyneb geldi, elini ona uzattı. Âişe: Bu Zeyneb'tir, dedi. Peygamber -sallallahu aleyhi ve sellem- elini geri çekti..."[62]

Peygamber -sallallahu aleyhi ve sellem- bu pek büyük evi, eğer Rabbinin Rasûlüne verdiği muvaffakiyet ve ilham olmasaydı, kesinlikle bu durumda olamazdı... Onun hem sözleriyle, hem davranışlarıyla Rabbine şükrettiğini görüyoruz... O hanımlarını ibadete teşvik ediyor ve bu hususta onlara yardımcı oluyordu. Bunu yaparken de yüce Allah'ın: "Sen aile halkına namazı emret, kendin de sabırla ona devam et! Senden rızık istemeyiz. Sana rızkı biz veririz. Güzel âkıbet ise takvâ sahiplerinindir." (Taha, 20/132) (şeklindeki Allah'ın emrini yerine getiriyordu.)

Âişe -radıyallahu anha-'dan şöyle dediği rivâyet edilmiştir: "Peygamber -sallallahu aleyhi ve sellem- ben onun önünde ve yatağı üzerinde boylu boyunca uyuduğum halde namaz kılıyordu. Vitir namazını kılmak istediği vakit beni uyandırıyordu."[63]

Peygamber -sallallahu aleyhi ve sellem- gece namazını kılmaya, eşlerin bu hususta birbirlerine yardımcı olmasına çokça teşvikte bulunmuştur. O kadar ki bu maksatla hanım kocasının yahut koca hanımının yüzüne su serpecek kadar güzel bir uygulamaya kadar işi götürüyordu... Ebu Hureyre -radıyallahu anh- dedi ki: Rasûlullah -sallallahu aleyhi ve sellem- buyurdu ki:
"Geceleyin kalkıp namaz kılan, hanımını uyandıran ve (böylece) hanımı(nın) namaz kıl(masını sağlay)an, uyanmak istemezse yüzüne su serpen bir adama Allah rahmet eylesin. Yine geceleyin kalkıp namaz kılan, kocasını uyandıran ve kocası(nın) namaz kıl(masını sağlay)an, kocası uyanmak istemezse yüzüne su serpen hanıma da Allah rahmet eylesin." [64]

Müslüman bir kimsenin kalbinin temizliğini, arı ve duruluğunu tamamlamak

---

62   Müslim.
63   Buhârî ve Müslim.
64   Buhârî ve Müslim.

amacı ile dış görünüşüne itina göstermesi de müslümanın olgunluğundan ve dinine bağlılığından kaynaklanır.

Peygamber -sallallahu aleyhi ve sellem- kalbi temiz, bedeni temiz, kokusu hoş bir kimseydi. Misvâk kullanmayı sever ve kullanılmasını emrederdi. Peygamber -sallallahu aleyhi ve sellem- buyurdu ki:
"Şâyet ümmetime zorluk vermeyecek olsaydım, her namazdan önce misvâk kullanmalarını emrederdim."[65]

Huzeyfe -radıyallahu anh-'dan şöyle dediği rivâyet edilmiştir: "Rasûlullah -sallallahu aleyhi ve sellem- geceleyin kalktı mı ağzını misvâk ile ovalardı."[66]

Şureyh b. Hâni'den şöyle dediği rivâyet edilmiştir: Ben Âişe -radıyallahu anha-'ya sordum: Peygamber -sallallahu aleyhi ve sellem- evine girdiği vakit ilk iş olarak ne yapardı? O: Misvak kullanırdı, dedi.[67]

Bu, ne güzel bir temizlik, aile halkı ile karşılaşmak için ne mükemmel bir hazırlık!

Peygamber -sallallahu aleyhi ve sellem- eve girdiğinde: "Allah'ın adıyla girdik, Allah'ın adı ile çıktık. Rabbimize tevekkül ettik." der, sonra da aile halkına selam verirdi. [68]

Temiz bir şekilde girmek ve selâm vermekle aile halkını mutlu et! Müslüman kardeşim! Sen bunun yerine evine girerken sitemle, kınayarak, azarlayarak başlayan bir kimse olma!

RASÛLULLAH -sallallahu aleyhi ve sellem-'in ŞAKALAŞMASI

Önder Peygamber -sallallahu aleyhi ve sellem- ümmetinin işleriyle, askerleriyle, kumandanlarıyla, aile halkıyla ilgilendiği gibi, kimi zaman vahiyle, kimi zaman

---

65   Ahmed.
66   Müslim.
67   Müslim.
68   Müslim.

ibadetle meşgul olurdu. Onun ilgilenmesi gereken daha başka işler de vardı... İlgilenmesi gereken işler o kadar çoktu ki, hayatın gereklerini yerine getirmeye ve bunlarla kalpten ilgilenmeye adeta insanı âciz bırakırdı. Fakat o yüce Peygamber her hak sahibine hakkını verirdi. Bir kesimin hakkını diğerinin nam-ı hesabına kısmazdı. Yüklerinin ve işlerinin çokluğuna rağmen o küçüklere de kalbinde özel bir yer ayırmıştı... Peygamber -sallallahu aleyhi ve sellem- kimi zaman büyüklerle şakalaştığı gibi, küçüklerle oynar, onlarla şakalaşır, onlara yakınlık gösterirdi.

Ebu Hureyre -radıyallahu anh-'dan şöyle dediği rivâyet edilmiştir: Ey Allah'ın Rasûlü! Sen bizimle şakalaşıyorsun, dediler. O şöyle buyurdu: "Evet, fakat şu kadar var ki, ben haktan başka bir şey söylemem."[69]

Onun şakalaşmalarından birisini de Enes b. Mâlik şöylece rivâyet etmektedir: "Peygamber -sallallahu aleyhi ve sellem- kendisine: "Yâ ze'l-uzuneyn: Ey iki kulaklı" diye seslenmişti.[70]

Yine Enes -radıyallahu anh-'dan dedi ki: Um Suleym'in, Ebu Umeyr adında bir oğlu vardı. Peygamber -sallallahu aleyhi ve sellem- yanına geldiğinde, onunla şakalaştığı olurdu. Bir gün onun yanına girdi, onunla şakalaşmak istedi. Üzgün olduğunu gördü. Şöyle dedi: "Acaba Ebu Umeyr'i üzgün görmemin sebebi nedir?" Ey Allah'ın Rasûlü, dediler. Onun oynadığı bir kuşu vardı, öldü. Peygamber ona şöyle seslenmeye başladı: "Ey Ebu Umeyr! Ne yaptı o nuğayr (kuş)"[71]

Rasûlullah -sallallahu aleyhi ve sellem- Efendimizin büyüklerle de benzeri konumları olurdu. Bunların birisini Enes b. Malik şu sözleriyle rivâyet ediyor: Çöl halkından Zâhir b. Haram adında bir adam vardı. Peygamber -sallallahu aleyhi ve sellem- onu severdi. Çirkin birisi idi. Bir gün Peygamber -sallallahu aleyhi ve sellem- onun yanına gitti. O sırada kendisine ait bazı malları satıyordu. Zâhir görmeden Peygamber -sallallahu aleyhi ve sellem- arkadan onu kucaklayıverdi. Adam: Beni bırak, bu kim? dedi. Geri döndüğünde Peygamber -sallallahu aleyhi ve sellem-'i görüp tanıdı. Onu tanıyınca, Peygamber -sallallahu aleyhi ve sellem- göğsüne sırtını yapıştırmaktan geri kalmadı. Peygamber -sallallahu aleyhi ve sellem- da: "Acaba bu köleyi kim satın alır?" diye seslenmeye başladı.

---

69   Ahmed.
70   Ebû Davûd.
71   Buhârî ve Müslim.

Zâhir: Ey Allah'ın Rasûlü! Allah'a yemin ederim, beni alacak kimse bulamazsın, dedi. Peygamber -sallallahu aleyhi ve sellem- ise: "Fakat sen Allah'ın yanında değeri yüksek birisisin" diye buyurdu.[72]

Şüphesiz ki bu, onun üstün karakteri ve oldukça şerefli hasletlerinin neticesi olan güzel bir ahlâktır.

Rasûlullah -sallallahu aleyhi ve sellem- aile halkı ve çevresindekilere karşı güler yüzlü ve güzel geçimli olmakla birlikte, gülmesinin de bir sınırı vardı. O, ancak Âişe -radıyallahu anha-'ın şu sözlerinde ifade ettiği gibi gülümser halde görülmüştür: "Ben Rasûlullah -sallallahu aleyhi ve sellem-'i küçük dili görülünceye kadar ağzını büsbütün açıp güldüğünü görmedim. O ancak tebessüm ederdi."[73]

Bu güler yüzlülüğü ve güzel geçinmesi ile birlikte Allah'ın haramları çiğnendiği takdirde Peygamber -sallallahu aleyhi ve sellem- yüzü değişirdi. Âişe -radıyallahu anha- dedi ki: Rasûlullah -sallallahu aleyhi ve sellem- bir seferden dönmüştü. Üzerinde çeşitli resimler bulunan bir örtü ile bir rafımın üzerini örtmüştüm. Rasûlullah o örtüyü görünce, onu parçaladı, yüzünün rengi değişti ve şöyle dedi: "Ey Âişe! Kıyamet gününde Allah nezdinde insanlar arasında azabı en şiddetli kimseler, Allah'ın yarattıklarının benzerini yapmaya çalışanlardır."[74]

İşte bu, eğer bariz ve görülür bir şekilde iseler evde suretler edinmenin haram kılınışına delildir. Duvara asılı resimler ile köşelere rafların üzerine yahut masalara yerleştirilmiş heykellerin haramlığı ise daha ağırdır. Şüphesiz bunlar günahla birlikte, o evi rahmet meleklerinin girmesinden de mahrum bırakır.

PEYGAMBER -sallallahu aleyhi ve sellem-'İN UYUMASI

Ubeyy -radıyallahu anh-'dan rivâyete göre Rasûlullah -sallallahu aleyhi ve sellem- şöyle buyurmuştur:
"Sizden herhangi bir kimse yatağına çekildiği vakit elbisesinin bir tarafını

---

72   Ahmed.
73   Buhârî ve Müslim.
74   Buhârî ve Müslim.

tutarak onunla yatağını süpürsün ve Allah'ın adını ansın. Çünkü o kendisinden sonra yatağı üzerinde Allah'ın neler yarattığını bilemez. Yatmak istediği takdirde sağ yanı üzerine yatsın ve: Rabbim olan Allah'ım! Seni her türlü eksiklikten tenzih ederim. Senin lütfunla yanım üzere yatıyorum, senin lütfunla kalkarım. Eğer canımı alacak olursan, ona mağfiret buyur. Eğer onu salıverirsen salih kullarını ne ile koruyorsan, onu da öylece koru, desin."[75]

Hür müslüman erkek ve kadına yönelttiği irşadlarından birisi de şudur: "Yatağına çekileceğin vakit namaz için abdest alır gibi abdest al, sonra sağ yanına yat!"[76]

Âişe -radıyallahu anha-'dan şöyle dediği rivâyet edilmiştir: Rasûlullah -sallallahu aleyhi ve sellem- yatağına çekileceği vakit her gece ellerini birlikte açar, onlara üfler ve: Kul huvallahu ehad, kul eûzu bi Rabbi'l-felak ve kul eûzu bi Rabbi'n-nâs (surelerini) okur, sonra ellerini vücudunun ulaşabildiği yerlerine sürerdi. Bunu yaparken başından, yüzünden ve vücudunun ön taraflarından başlardı. O bu işi üç defa tekrarlardı." [77]

Enes b. Malik'den şöyle dediği rivâyet edilmiştir: Rasûlullah -sallallahu aleyhi ve sellem- yatağına çekildiğinde şöyle derdi:
"Bize yediren, içiren, bizi başkasına muhtaç etmeyen, bizi barındıran Allah'a hamdolsun. Nice kimseler var ki, onu ihtiyaçtan kurtaracak, onu barındıracak kimsesi yoktur." [78]

Ebu Katade'den rivâyete göre Peygamber -sallallahu aleyhi ve sellem- yolculuğu sırasında geceleyin konaklamak istediği vakit sağ yanı üzere yatardı. Sabah namazından önce eğer konaklarsa, kolunu diker ve başını avucunun üstüne koyardı. [79]

Yüce Allah'ın bize bol bol ihsan ettiği nimetleriyle birlikte... Sevgili kardeşim! Rasûllerin efendisi, peygamberlerin sonuncusu, bütün insanların, ayağı toprağa basmış herkesin en faziletlisinin yatağını hatırlayalım.

---

75 Müslim.
76 Buhârî ve Müslim.
77 Buhârî
78 Müslim.
79 Müslim.

Âişe -radıyallahu anha- dedi ki: "Rasûlullah -sallallahu aleyhi ve sellem- üzerinde yattığı döşeği içi hurma lifi ile doldurulmuş, yüzü deri bir yataktı." [80]

Bir seferinde ashabından birkaç kişi yanına girdi. Ömer de girdi. Rasûlullah -sallallahu aleyhi ve sellem- döşeğinin üzerinden biraz kenara çekildi, Ömer Peygamber -sallallahu aleyhi ve sellem- yattığı hasır ile kendi arasında bir yaygı serilmiş olmadığını gördü. Hasır, Rasûlullah -sallallahu aleyhi ve sellem- böğründe iz yapmıştı. Ömer ağladı. Peygamber -sallallahu aleyhi ve sellem- ona:

"Ne diye ağlıyorsun, ey Ömer" diye sordu. Şu cevabı verdi:

"Allah'a yemin ederim ki bunun tek sebebi benim, senin hiç şüphesiz Kisrâ'dan da, Kayser'den de Allah'ın nezdinde daha değerli olduğunu bilmemdir. Oysa onlar dünyalık içerisinde bu şekilde boşuboşuna uğraşıp duruyorlar. Sense Allah'ın Rasûlü olarak seni gördüğüm şu yerde (yatıyor)sun." Peygamber -sallallahu aleyhi ve sellem- şöyle buyurdu:

"Dünyanın onlara, âhiretin de bizlere olması seni razı etmez mi?" Ömer:

"Eder" deyince, Peygamber:

"İşte böyledir" dedi.[81]

GECE NAMAZI

Gece Medine'yi bastırmış, karanlığı ile her tarafını örtmüş, fakat Rasûlullah -sallallahu aleyhi ve sellem- her tarafı namaz ile apaydınlık, o Allah'ı anıyor, gecesini teheccüdle geçiriyor, göklerin ve yerin Rabbine sesleniyor, bütün işlerin anahtarı elinde bulunana dua ediyor. Bunu yaparken kendisini yoktan var edenin emrine uyuyor:

"Ey sarınıp bürünen (Peygamber)! Birazı müstesnâ geceleyin kalk! Yarısı kadar yahut ondan biraz eksilt, yahut ona (biraz) ekle. Kur'ân'ı da tane tane oku." (el-Müzzemmil, 73/1-4)

Ebu Hureyre -radıyallahu anh-'dan şöyle dediği rivâyet edilmiştir: Rasûlullah -sallallahu aleyhi ve sellem- ayakları şişene kadar namaz kılardı. Ona: Ey Allah'ın Rasûlü, Allah senin geçmiş ve gelecek bütün günahlarını bağışladığı

---

80   Müslim.
81   Ahmed.

halde mi böyle yapıyorsun, denilince, o: "Ben şükreden bir kul olmayayım mı?" diye cevap veriyordu.[82]

el-Esved b. Yezid'den şöyle dediği rivâyet edilmiştir: Âişe -radıyallahu anha-'ya Rasûlullah -sallallahu aleyhi ve sellem- gece namazına dair soru sordum. Şöyle dedi: O gecenin ilk saatlerinde uyur, sonra kalkardı. Eğer ihtiyaç duyarsa hanımına yaklaşırdı. Ezanı duyunca kalkardı. Şâyet cünub ise üzerine su döker (gusleder)di. Değilse abdest alır, namaza çıkardı."[83]

Rasûlullah -sallallahu aleyhi ve sellem- gece namazında hayret edilecek hususlar vardır. Bizim o namazın uzunca kılınışı, üzerinde iyice düşünmemiz ve onun o şekilde namaz kılışını kendimize örnek edinmemiz gerekir.

Ebu Abdullah Huzeyfe b. el-Yeman -radıyallahu anh-'dan şöyle dediği rivâyet edilmiştir: "Bir gece Peygamber -sallallahu aleyhi ve sellem- ile birlikte namaz kıldım. Bakara suresini okumaya başladı. Kendi kendime yüz âyeti okuduktan sonra rük'ûya varır dedim, fakat devam etti. Bir rekâtte surenin tamamını okur dedim, yine devam etti. Âl-i İmran suresine başladı, o sûreyi okudu. Bu sureyi bitirince rukûya varır dedim, sonra Nisâ sûresine başlayıp, o sureyi de okudu. Ağır ağır, tane tane okuyordu. Tesbih ihtiva eden bir âyet okudu mu kendisi de tesbih getirir, dua ihtiva eden bir âyet okudu mu dua ederdi. Allah'a sığınmayı (istiâzeyi) ihtiva eden bir âyet okudu mu Allah'a sığınırdı. Sonra rukûya vardı, rukûda: Subhâne Rabbiye'l-Azim demeye başladı. Rukûu(nun uzunluğu) kıyamına yakındı. Sonra: Semilallahu limen hamideh Rabbena leke'l-hamd dedi. Sonra rukûuna yakın uzunlukta durdu, sonra secdeye varıp subhane Rabbiye'l-a'lâ dedi. Sucudu da (uzunluğu itibariyle) kıyamına yakındı."[84]

FECİRDEN SONRA

Medine'nin gece sessizliğinden sonra ve sabah aydınlığı ile birlikte mescidde sabah namazı cemaatle birlikte edâ edildikten sonra Peygamber -sallallahu

---

82   İbn Mâce.
83   Buhârî.
84   Müslim.

aleyhi ve sellem- güneş doğana kadar Allah'ı zikretmek için namazdan sonra namazı kıldığı yerde oturur, daha sonra iki rekat namaz kılardı.

Câbir b. Semura -radıyallahu anh-'dan şöyle dediği rivâyet edilmiştir: "Peygamber -sallallahu aleyhi ve sellem- sabah namazını kıldıktan sonra namaz kıldığı yerinde güneş iyice yükselinceye kadar oturur, kalırdı."[85]

Peygamber -sallallahu aleyhi ve sellem- bu pek büyük sünneti yerine getirmeye çokça teşvik etmiş ve bundaki ecir ve sevabı hatırlatmış bulunmaktadır.

Enes -radıyallahu anh-'dan şöyle dediği rivâyet edilmiştir: Peygamber -sallallahu aleyhi ve sellem- buyurdu ki: "Kim sabah namazını cemaatle birlikte kıldıktan sonra oturup güneş doğuncaya kadar Allah'ı zikreder, sonra iki rekat namaz kılarsa bu onun için eksiksiz, eksiksiz, eksiksiz bir hac ve umre ecri gibi olur."[86]

KUŞLUK NAMAZI

Gün yarılanıyor, güneşin harareti oldukça arttı... Yakıcı rüzgârlar sıcak alevleriyle yüzleri yalayıp geçiyor... İşte bu kuşluk vaktidir. İhtiyaçların görüleceği ve çalışma zamanıdır. Risaletin ağır yükleri, heyetlerin karşılanması, ashabın öğretimi, aile halkının hukuku ile birlikte... Peygamber -sallallahu aleyhi ve sellem- yine de yüce Allah'a ibadet ediyordu...

Muâze dedi ki: Âişe -radıyallahu anha-'ya dedim: Peygamber -sallallahu aleyhi ve sellem- kuşluk namazını kılar mıydı? Âişe: "Evet, dört rekat olarak kılardı. Yüce Allah'ın dilediği kadar fazlasını da kılardı." [87]

Peygamber -sallallahu aleyhi ve sellem- bu namazın kılınmasını tavsiye etmiştir. Ebu Hureyre -radıyallahu anh-'dan şöyle dediği rivâyet edilmiştir: "Can dostum (Allah'ın salât ve selâmı ona olsun) bana her (kamerî) aydan üç gün oruç tutmayı, kuşluk namazının iki rekatini ve uyumadan önce vitir namazını kılmayı tavsiye etti."[88]

---

85   Müslim.
86   Tirmizî.
87   Müslim.
88   Buhârî ve Müslim.

NAFİLE NAMAZLARIN EVDE KILINMASI

İman ile mamur, ibadet ve zikir ile dolup taşan bu ev... Peygamber -sallallahu aleyhi ve sellem- bizlere evlerimizin de böyle olmasını tavsiye etmekte ve şöyle buyurmaktadır:

"(Nafile) Namazınızın bir kısmını evlerinizde kılınız, oraları kabirlere çevirmeyiniz."[89]

İbnu'l-Kayyim -Allah'ın rahmeti üzerine olsun- diyor ki: Peygamber -sallallahu aleyhi ve sellem- genellikle bütün sünnetleri ve belli bir sebebe bağlı olarak kılınmayan nâfileleri, özellikle de akşam sünnetini hep evinde kılardı. Onun bu sünneti mescidde kıldığı hiçbir şekilde nakledilmiş değildir.

Evde nafile namazların kılınmasının birtakım faydaları vardır. Peygamber -sallallahu aleyhi ve sellem- sünnetine tabi olmak, hanımlara ve çocuklara namazın nasıl kılındığını öğretmek, zikir ve Kur'ân okumak sebebiyle şeytanların kovulması gibi faydalar bunlar arasındadır. Ayrıca nafile namazların evde kılınması daha çok ihlâslı olmayı ve riyakârlıktan uzak kalmayı sağlar.

PEYGAMBER -sallallahu aleyhi ve sellem-'İN AĞLAMASI

Pek çok erkek ve kadın ağlar. Fakat acaba nasıl ve niçin ağlayacağımızı biliyor muyuz? Peygamberimiz (salât ve selâm ona) eğer istemiş olsaydı, dünya eline verilecek olmakla birlikte ağlardı. Cennet te önündeydi ve cennetin en yüksek mertebesinde idi. Buna rağmen Peygamber -sallallahu aleyhi ve sellem- ağlardı. O Allah'a çokça ibadet edenlerin ağlayışı idi. O namaz kılarken, Rabbine seslenirken, Kur'ân'ı dinlerken ağlardı. Bunun ise kalp inceliğinden, kalp temizliğinden yüce Allah'ın azametini bilmekten, O'ndan saygıyla korkmaktan başka bir sebebi yoktur.

---

89   Buhârî.

Mutarrif -ki İbn Abdullah b. eş-Şihhîr'dir- babasından şöyle dediğini rivâyet etmektedir: "Rasûlullah -sallallahu aleyhi ve sellem- yanına vardım. Namaz kılıyordu, ağlamaktan ötürü tencerenin uğultusu gibi göğsünden ses geliyordu."[90]

Abdullah b. Mesud -radıyallahu anh-'dan şöyle dediği rivâyet edilmiştir: Rasûlullah -sallallahu aleyhi ve sellem- bana:
"Bana Kur'ân oku" dedi. Ben:
"Ey Allah'ın Rasûlü! Kur'ân sana indirilmişken sana Kur'ân mı okuyacağım", dedim. Şöyle buyurdu:
"Ben başkası okurken onu dinlemeyi de severim." Ona Nisa suresini okudum, nihayet: "Bunlara karşı da seni şahid getireceğimiz zaman halleri nice olur." (en-Nisa, 4/41) âyetine kadar okudum. Rasûlullah -sallallahu aleyhi ve sellem- gözünden yaşlar aktığını gördüm.[91]

Hatta Rasûlullah -sallallahu aleyhi ve sellem- tepesinde saçlarını ayırdığı yerde birkaç beyaz kıla ve güzel sakalındaki yaklaşık onsekiz beyaz kıla dikkat edelim... Kalbimizi de dikkatle uyarıp, onun şerefli dilinden bu beyaz kılların niçin ağardığını öğrenelim. Ebu Bekir -radıyallahu anh- dedi ki: Ey Allah'ın Rasûlü saçlarına ak düştü. Peygamber -sallallahu aleyhi ve sellem-: "Hûd, Vâkıa, Murselât, Amme yetesâelûn ve ize'ş-şemsu kuvviret sureleri saçlarımı ağarttı." diye buyurdu.[92]

ALÇAK GÖNÜLLÜLÜĞÜ

Peygamber -sallallahu aleyhi ve sellem- insanlar arasında ahlâkı en güzel, değeri en yüce bir kimse idi. Onun ahlâkı Kur'ân-ı Kerim'di. Nitekim Âişe -radıyallahu anha- validemiz: "Onun ahlâkı Kur'ân-ı Kerim'den ibaretti." demiştir.[93]

---

90   Ebû Davûd.
91   Buhârî.
92   Tirmizî.
93   Müslim.

Peygamber -sallallahu aleyhi ve sellem- efendimiz de: "Ben ancak ahlâkın üstün değerlerini tamamlamak için gönderildim."[94] diye buyurmuştur.

Nebi -sallallahu aleyhi ve sellem- alçak gönüllülüğünün (tevazûunun) bir yansıması da onun övülmeyi, methedilmeyi ve hakkında yüceltici ifadelerin kullanılmasını sevmemesi idi...

Ömer b. el-Hattab -radıyallahu anh-'dan şöyle dediği rivâyet edilmiştir: Rasûlullah -sallallahu aleyhi ve sellem- buyurdu ki:
"Hristiyanların Meryem oğlu İsa'yı tazim ettikleri gibi beni de tazim etmeyiniz. Ben ancak bir kulum, bundan dolayı Allah'ın kulu ve rasûlü deyiniz."[95]

Enes -radıyallahu anh- dedi ki: Bazı kimseler: Ey Allah'ın Rasûlü, ey bizim hayırlımız, ey hayırlımızın oğlu, efendimiz, efendimizin oğlu, dediler. Onlara şöyle dedi:
"Ey insanlar! Siz birbirinize hitap ettiğiniz gibi (bana da) hitap ediniz. Şeytan sizi etkisi altına almasın. Ben Allah'ın kulu ve rasûlü Muhammed'im. Yüce Allah'ın beni yerleştirdiği mevkiden daha yukarıya beni yükseltmenizi sevmiyorum."[96]

Bazı kimseler Peygamber -sallallahu aleyhi ve sellem-'i oldukça aşırı bir şekilde tazim etmekte, onun gaybı bildiğine inanmakta yahut fayda ve zarar verebileceğine, ihtiyaçları karşılayıp, hastalara şifa vereceğine inanır. Yüce Allah ise bütün bunların gerçek olmadığını belirterek şöyle buyurmaktadır:
"De ki: 'Ben kendim için -Allah'ın (benim hakkımda) dilediğinden başka- ne bir fayda sağlayabilirim, ne de bir zarar. Eğer gaybı bilseydim elbette daha çok hayır yapardım ve bana hiçbir fenalık dokunmazdı." (el-Â'râf, 7/188)

İşte yeryüzünün taşıdığı, semanın gölgelediği en hayırlı mürsel peygamber budur... O, her zaman Rabbine dönen ve yönelen birisi idi. Kibri sevmezdi, aksine o alçak gönüllülerin başı, Rabbi huzurunda kalbi kırıkların efendisidir...

Enes b. Malik -radıyallahu anh-'dan şöyle dediği rivâyet edilmiştir: Ashab-ı Kiram, Rasûlullah -sallallahu aleyhi ve sellem-'den daha çok hiçbir kimseyi

---

94   Ahmed.
95   Ebû Dâvûd.
96   Nesaî.

sevmiyorlardı. Onu gördükleri vakit, böyle bir işten hoşlanmadığını bildiklerinden ötürü ayağa kalkmazlardı.[97]

Bu ümmetin peygamberinin (salât ve selâm ona) hayret verecek şekilde bir alçak gönüllülük göstererek, son derece nadir görülebilecek bir ahlâk ile, zavallı bir kadına nasıl tevazu gösterdiğini ve işlerle dolup taşan vaktinin bir bölümünü ona nasıl feda ettiğini görelim ve bunun üzerinde düşünelim:
Enes b. Malik -radıyallahu anh-'dan şöyle dediği rivâyet edilmiştir: Bir kadın Peygamber -sallallahu aleyhi ve sellem-'e gelip, ona: Benim senden görülmesini istediğim bir ihtiyacım var, dedi. Peygamber ona şöyle dedi: "Medine'nin istediğin bir yolunda otur, ben de gelip senin yanında oturacağım."[98]

"O bütün güzel övgülerin kokularını saçar Bunlarla en yüksek övünç mertebelerine yükselir Eğer onun bu halinin hoş kokusu etrafa saçılırsa her yüksek ve alçak yer, o koku ile dolar taşar."

Peygamber -sallallahu aleyhi ve sellem- mütevazilerin başı ve onların bayrağı idi. Ebu Hureyre -radıyallahu anh-'dan rivâyete göre Peygamber -sallallahu aleyhi ve sellem- şöyle buyurmuştur:
"Eğer bir kol yahut bir paça ziyafetine davet edilecek dahi olsam, o daveti kabul ederim. Bana eğer bir kol yahut bir paça hediye edilecek olursa, onu dahi kabul ederim."[99]

Rasûlullah -sallallahu aleyhi ve sellem- hadisleri, büyüklük taslayanların her çağda ve her zamanda büyüklenmelerinin ve kendilerini yukarda görmelerinin engeli ve bu işten vazgeçmelerini sağlayan en büyük bir sebep olarak kalmaya devam edecektir.

Abdullah b. Mesud -radıyallahu anh-'dan rivâyete göre Peygamber -sallallahu aleyhi ve sellem- şöyle buyurmuştur:
"Kalbinde zerre ağırlığı kadar dahi kibir bulunan bir kimse, cennete giremeyecektir..."[100]

Kibir cehenneme götüren bir yoldur. Ondan Allah'a sığınırız. İsterse bu, zerre

---

97   Ahmed.
98   Ebû Dâvûd.
99   Buhârî.
100   Müslim.

ağırlığı kadar dahi olsun. Böbürlenerek yürüyen bir mütekebbirin ulaştığı sonuç üzerinde düşünelim. O kimseye yüce Allah'ın nasıl gazap ettiğini, nasıl onun üzerine gazabını ve can yakıcı azabını indirdiğini unutmayalım.

Ebu Hureyre -radıyallahu anh-'dan rivâyete göre Rasûlullah -sallallahu aleyhi ve sellem- şöyle buyurdu:

"Bir adam kendi kendisine, kendisini beğendiren bir elbiseyi giyinerek yürürken, saçlarını taramış, böbürlenerek yürüdüğü bir sırada Allah onu yerin dibine geçirdi. Kıyamet gününe kadar yerin dibine inmeye de devam edecektir."[101]

PEYGAMBER -sallallahu aleyhi ve sellem-'İN HİZMETKÂRI

Bu zavallı, zayıf hizmetkârı Rasûlullah -sallallahu aleyhi ve sellem- ona yakışan bir konuma yerleştirmiştir. Bunu yaparken, yaptığı işi ve zayıflığı değil, dinini ve takvâsını gözönünde bulundurmuştur. Peygamber -sallallahu aleyhi ve sellem- hizmetkârlar ile ücretle çalıştırılanlar hakkında şöyle buyurmuştur: "Onlar sizin kardeşlerinizdir. Allah onları elinizin altına vermiştir. Binaenaleyh yediklerinizden onlara yediriniz, giydiklerinizden onları giydiriniz. Yapamayacakları işleri onlardan istemeyiniz. Eğer isterseniz siz de onlara yardım ediniz." [102]

Efendisinden hayret edilecek bir söz, kabul edilen bir şahitlik ve çok güzel bir övgü rivâyet eden bir hizmetçinin halini düşünelim. Rasûlullah -sallallahu aleyhi ve sellem- hizmetkârının söylediği gibi, efendisinden övgü ile söz eden bir başka hizmetçi gördünüz mü?

Enes b. Malik -radıyallahu anh-'dan şöyle dediği rivâyet edilmiştir: "Rasûlullah -sallallahu aleyhi ve sellem-'e on sene boyunca hizmet ettim. Bir defa olsun bana üf demedi. Yaptığım hiçbir iş için, niçin onu yaptın, yapmadığım herhangi bir iş için, niçin o işi yapmadın da demedi."[103]

---

101   Buhârî ve Müslim.
102   Müslim.
103   Müslim.

Tam on yıl... gün ya da ay değil... Bu sevinci, üzüntüsü, kederi, öfkesi bulunan ruhun çeşitli hallerden geçtiği, çalkalandığı, fakir düştüğü, zengin olduğu uzunca bir ömür. Bununla birlikte Peygamber onu azarlamadı. Ona -anam babam ona feda olsun- ağır bir emir vermedi. Aksine hizmetçisini ödüllendiriyor, gönlünü hoş tutuyor, onun ve ailesinin ihtiyaçlarını karşılıyor, onlara dua ediyordu.

Enes -radıyallahu anh- dedi ki: Annem: "Ey Allah'ın Rasûlü! Bu senin hizmetkârın, onun için Allah'a dua et, dedi, şöyle buyurdu: "Allah'ım, ona çokça mal ve evlat ver ve verdiklerinde ona bereket ihsan et."[104]

Peygamber -sallallahu aleyhi ve sellem- kahramanlığına ve yiğitliğine rağmen hak dışında hiçbir sebeple kimseyi küçük düşürmemiş ve kimseye vurmamıştır. Elinin altında bulunan eşi ve hizmetçisi gibi zayıflara karşı asla katı davranmamıştır.

Âişe -radıyallahu anha-'dan dedi ki: Rasûlullah -sallallahu aleyhi ve sellem- Allah yolunda cihad etmesi hali dışında eliyle hiçbir şeye vurmadı. O ne bir hizmetçiyi, ne de bir kadını dövdü.[105]

İşte mü'minlerin annesi -radıyallahu anha- insanların en hayırlısı ve en seçkini hakkındaki şahidliğini tekrarlıyor. Peygamber efendimizin güzel yaşayışı, üstün geçimi ile ilgili anlatılan hadisler pekçok kalabalık kimseler tarafından rivâyet edilmiştir. Bu hususta Kureyş kâfirleri dahi onun lehinde şahidlik etmektedir...

Âişe -radıyallahu anha- diyor ki: Yüce Allah'ın haramlarından herhangi birisi çiğnenmedikçe, Rasûlullah -sallallahu aleyhi ve sellem- bizzat kendisine yapılan bir haksızlıktan dolayı intikam aldığını görmedim. Fakat yüce Allah'ın haramlarından herhangi birisi çiğnenecek olursa, onun kadar kimse gazaplanmazdı. İki iş arasında muhayyer bırakıldı mı mutlaka -günah olmadığı sürece- kolay olanını tercih ederdi."[106]

Peygamber -sallallahu aleyhi ve sellem- yumuşaklıkla ve ağırbaşlılıkla hareket etmeyi telkin ederdi. O şöyle buyurmuştur:

---

104 Buhârî.
105 Müslim.
106 Buhârî.

"Muhakkak yüce Allah refîktir, (merhametle, şefkatle, yumuşaklıkla muamele edendir.) Bu bakımdan bütün işlerde refîk davranmayı sever."[107]

HEDİYE ve MİSAFİR

İnsan hayatında duygusal birtakım ihtiyaçlar ve ruhî birtakım istekler vardır. Toplumda, ailede, evde her zaman bunlara gerek duyulur... Kalpleri birbirine yaklaştıran, ruhlardaki olumsuz duyguları eritip gideren hususlardan birisi de hediyedir.

Âişe -radıyallahu anha-'dan rivâyete göre Peygamber -sallallahu aleyhi ve sellem- hediyeyi kabul eder ve hediyeye karşılık verirdi.[108]

Bu şekilde hediye vermek, hediyeye teşekkürle karşılık vermek, nefislerin kereminden, kalplerin temizliğinden kaynaklanır.

Keremli bir ahlâka sahip olmak peygamberlerin huyu, rasûllerin yoludur. Bizim peygamberimizin bu hususlarda mertebesi oldukça yüksek, vardığı nokta oldukça ileridir. Şu sözleri söyleyen o değil midir:
"Allah'a ve âhiret gününe iman eden kimse misafirine ikram etsin. Misafire ikram hakkı bir gün, bir gecedir. Misafirlik de üç gündür, bundan sonrası ise bir sadakadır. Ev sahibine sıkıntı verinceye kadar misafirin orada kalması da misafire helâl değildir."[109]

Allah'a yemin ederim, dünya dağlar, çöller, Hicaz ve Arap yarımadası... Hatta bütün dünya Rasûlullah -sallallahu aleyhi ve sellem-'dan daha üstün ahlâklı, daha yüce sıfatlı bir kimse görmüş değildir... Değerli okuyucu! Onun -anam babam ona feda olsun, salât ve selam ona- pek büyük bir konumunu görmek üzere kendini hazırla.

Sehl b. Sa'd -radıyallahu anh-'dan rivâyete göre bir kadın Rasûlullah -sallallahu aleyhi ve sellem-'e dokuma bir cübbe getirdi. Sen giyinesin diye onu kendi ellerimle dokudum, dedi. Peygamber -sallallahu aleyhi ve sellem-'e ona ihtiyacı

---

107   Buhârî ve Müslim.
108   Buhârî.
109   Buhârî.

olduğu için aldı. Yanımıza onunla belden aşağısını örtmüş olarak çıktı. Filan kişi: Bunu bana verir misin, ne kadar güzeldir, dedi. Peygamber: Olur dedi. Peygamber -sallallahu aleyhi ve sellem- -önce- o mecliste oturdu, sonra gidip onu katlayıp geri getirdi ve o elbiseyi o zata gönderdi. Hazır bulunanlar o kişiye: Hiç iyi yapmadın. Peygamber -sallallahu aleyhi ve sellem- ona ihtiyacı olduğu için giyinmişti, sonra sen onun kendisinden bir şeyler isteyen hiçbir kimseyi boş çevirmediğini bildiğin halde ondan bunu istedin, dediler. Adam şöyle dedi: Allah'a yemin ederim, ben onu kendisinden giyineyim diye istemedim. Onu kefenim olsun diye ondan istedim. Sehl dedi ki: O burde o adamın kefeni oldu.[110]

Yüce Allah'ın seçtiği, özel olarak yetiştirdiği ve önder kıldığı böyle bir şahsiyetin ahlâkının böyle olmasına hayret edilmez... O Allah'ın Rasûlüdür, cömertlikte, eli açıklıkta en göz kamaştırıcı örnekleri vermiştir... Hakîm b. Hizâm -radıyallahu anh-'dan şöyle dediği rivâyet edilmiştir: Rasûlullah -sallallahu aleyhi ve sellem-'den bir şeyler istedim bana verdi, sonra yine ondan bir şeyler istedim yine bana verdi, sonra yine ondan istedim, yine bana verdi, sonra şöyle buyurdu:

"Ey Hakîm! Şüphesiz bu mal yeşildir, tatlıdır. Kim bunu gönül hoşluğu ile alırsa, bu malda ona bereket ihsan edilir. Kim de verenin gözü kaldığı halde alırsa, bu malda ona bereket ihsan edilmez. Yiyip de doymayan kimseye benzer. Üstteki el, alttaki elden hayırlıdır..."[111]

Şu beyitleri söyleyen şair ne kadar da doğru söylemiş:
"Dinin kemali onun en büyük gayretidir, O yüceldikçe yücedir, başkası ile de kıyas edilmeyecek kadar üstündür. Yaratılmışları aydınlatınca güzelleştirdi Ve onu yüceltti; bakarsın ki o, bütün varlıklar demektir. Bütün avların bir kürkün içinde olduğunu gördün Ve bütün insanların bir kişinin içinde olduğunu."

Câbir -radıyallahu anh-'dan şöyle dediği rivâyet edilmiştir: Peygamber -sallallahu aleyhi ve sellem-'den bir şey istenip de; hayır dediği asla görülmemiştir.[112]

Eliyle gösterdiği bu cömertlik ve yaptığı bu bağışlarla birlikte, onun cömertliği bol bol ihsan etmekte gönül rahatlığı itibariyle, güzel davranış ve samimi sevgi bakımından da benzersizdir.

---

110 Buhârî.
111 Buhârî ve Müslim.
112 Buhârî.

Yanında oturduğu herkese güleryüz göstermek onun adeti idi. Kendisine güler yüz gösterdiği kişi adeta, arkadaşları arasında kalpten en çok sevgi beslenen kimsenin kendisi olduğu zannederdi

Cerîr b. Abdullah -radıyallahu anh-'dan dedi ki: "Müslüman olduğum zamandan beri Rasûlullah -sallallahu aleyhi ve sellem- benden ayrıldığı ve beni gördüğü her seferinde mutlaka gülümsemiştir." [113]

Bu işe fiilen tanık olmuş bir kimsenin anlattıkları yeterli ve ibretlidir.

Abdullah b. el-Hâris'den şöyle dediği rivâyet edilmiştir: Rasûlullah -sallallahu aleyhi ve sellem-'dan daha çok tebessüm eden bir kimse görmedim.[114]

Buna niye hayret ediyoruz ki? Şu sözleri söyleyen o değil midir?: "Ve senin kardeşinin yüzüne gülümsemen de bir sadakadır." [115]

Rasûlullah -sallallahu aleyhi ve sellem- hizmetkârı Enes -radıyallahu anh- da Rasûlullah -sallallahu aleyhi ve sellem-'i pek büyük niteliklerle nitelendirmiştir. Bunun bir kısmının dahi bir kimsede bulunması yahut da bunların birkaç kişide toplanması bile nâdir görülen bir husustur. "Rasûlullah -sallallahu aleyhi ve sellem- insanlar arasında en yumuşak kimse idi. Birisi ondan bir şey istedi mi mutlaka ona kulak verir, dinlerdi. Ondan birşeyler isteyen kimse bizzat ayrılıp gitmedikçe, ayrılan Rasûlullah -sallallahu aleyhi ve sellem- olmazdı. Bir kimse onun elini tutmak istedi mi mutlaka ona elini verirdi. Onun elini tutmak isteyen kişi elini çekmedikçe o elini çekmezdi."[116]

Nebi -sallallahu aleyhi ve sellem- misafirine ikramı, nezaket ve iltifâtı ile birlikte ümmetine karşı çok merhametliydi. Bundan dolayı münkere karşı çıkar, onu kabul etmezdi. İbn Abbas -radıyallahu anh-'dan rivâyete göre Rasûlullah -sallallahu aleyhi ve sellem- bir adamın elinde altından bir yüzük gördü. Onu çıkarıp attı ve şöyle dedi: "Sizden herhangi bir kimse (nasıl) gider, bir ateş parçasını alır, onu eline koyar..."[117]

---

113   Buhârî.
114   Tirmizî.
115   Tirmizî.
116   Ebu Nuaym, Delâilu'n-Nübuvve adlı eserinde rivayet etmiştir.
117   Müslim.

ÇOCUKLARA MERHAMET

Katı kalpliler merhameti bilmezler. Onların kalplerinde şefkate yer yoktur. Onlar sağır taşlar gibidirler... Alırken, verirken kupkurudurlar. En ince insanî duygu ve hislerden yoksun ve cimridirler. Yüce Allah'ın ince bir kalp, sıcak bir şefkat bağışladığı kimseler ise, örnek, merhametli kalbin sahibi kimselerdir... Rahmet böyle bir kalbi kuşatır, sevgi ve şefkat onu harekete geçirir.

Enes -radıyallahu anh-'dan rivâyete göre Peygamber -sallallahu aleyhi ve sellem- oğlu İbrahim'i aldı, öptü ve kokladı.[118]

Onun bu merhameti yalnızca yakınlarına has değildi. Aksine bütün müslüman çocuklara karşı merhametliydi... Cafer -radıyallahu anh-'ın hanımı Esma bint Umeys dedi ki: Rasûlullah -sallallahu aleyhi ve sellem- evimize girdi, Cafer'in çocuklarını çağırdı, onları kokladığını ve gözlerinin yaşardığını gördüm. Ey Allah'ın Rasûlü dedim. Cafer hakkında sana bir bilgi mi ulaştı? O: "Evet, bugün öldürüldü." dedi. Kalktık, ağladık. O da geri döndü ve şunları söyledi: "Cafer'in ailesi için yemek yapınız. Çünkü onlar kendilerini meşgul edecek bir hal ile karşı karşıya kaldılar."[119]

Peygamber -sallallahu aleyhi ve sellem- çocukların ölümü dolayısıyla gözyaşlarını tutamadığı için Sâd b. Ubade -radıyallahu anh- ona:
"Ey Allah'ın Rasûlü, bu da ne?" diye sordu. Peygamber -sallallahu aleyhi ve sellem- şu cevabı verdi: "Bu Allah'ın kullarının kalplerine yerleştirdiği bir rahmettir. Şüphesiz Allah kulları arasından merhametlilere rahmet buyurur."[120]

Oğlu İbrahim'in ölümü dolayısıyla Peygamber -sallallahu aleyhi ve sellem- gözlerinden yaş akınca, Abdu'r-Rahman b. Avf -radıyallahu anh- ona:
"Sen de mi ey Allah'ın Rasûlü?" diye sorduğunda şu cevabı vermişti:
"Ey Avf'ın oğlu, bu bir rahmettir." Daha sonra şöyle buyurdu:
"Şüphesiz göz yaş akıtır, kalp üzülür ve biz, Rabbimizin razı olduğundan başka bir şey söylemeyiz. Gerçekten ey İbrahim, senden ayrıldığımız için üzülüyoruz."[121]

---

118 Buhârî.
119 İbn Sâd, Tirmizî ve İbn Mâce.
120 Buhârî.
121 Buhârî.

Rasûlullah -sallallahu aleyhi ve sellem- yüksek ahlâkı onun örnek alınmasını, izinden gidilmesini gerektirir. Bizler küçükleri sevmek ve onları gerçek konumlarında tutmak hususundaki hissiyatımızı kaybetmiş bir zamandayız... Bu çocuklar yarının babalarıdır. Bunlar ümmetin yiğitleri olacaktır. Beklenen sabahıdır. Bilgisizlik, kibir, yanlış görüşler ve kısır görüşlülük, yetişmekte olan nesle ve çocuklara karşı kalplerimizi kilitli tutacak ve onları kaybedecek hale getirdi. Rasûlullah -sallallahu aleyhi ve sellem-'e gelince, anahtar onun elinde ve onun dilindedir... İşte o küçük çocuğu seviyor, onu değerlendiriyor, takdir ediyor. Yetişmekte olan gençleri yüksek bir yere oturtuyor.

Enes -radıyallahu anh- küçük çocukların yanından geçti mi onlara selâm verir ve: Peygamber -sallallahu aleyhi ve sellem- böyle yapardı derdi.[122]

Çocukların yorgunlukları, zorlukları, çokça hareketlilikleri olmakla birlikte, Rasûlullah -sallallahu aleyhi ve sellem- küçük çocuklara kızmaz, onları azarlamaz, onlara sitem etmezdi. Şefkati elden bırakmaz, sükûnet ve vakarını bozmazdı.

Âişe -radıyallahu anha-'dan şöyle dediği rivâyet edilmiştir: Peygamber -sallallahu aleyhi ve sellem-'e küçük çocuklar getirilir, onlara dua ederdi. Ona küçük bir çocuk getirildi, elbisesi üzerine abdestini bozdu. Su getirilmesini emretti, onun üzerine serpti ve elbisesini yıkamadı.[123]

Ey okuyucu! Peygamber -sallallahu aleyhi ve sellem- evinde oturmak şerefine nail iken küçük çocuklarınla şakalaşmak, yavrularınla latife yapmak, onların gülüşlerine, güzel ifadelerine kulak vermek hatırından geçmedi mi? Bu ümmetin peygamberi bütün bunları yapıyordu. Anam babam feda olsun ona.

Ebu Hureyre -radıyallahu anh-'dan şöyle dediği rivâyet edilmiştir: "Rasûlullah -sallallahu aleyhi ve sellem-, Ali -radıyallahu anh-'in oğlu Hasan'a dilini çıkartır, çocuk onun dilinin kırmızı rengini görür, buna güler ve keyiflenirdi."[124]

Enes -radıyallahu anh-'dan şöyle dediği rivâyet edilmiştir: "Rasûlullah -sallallahu aleyhi ve sellem-, Um Seleme'nin kızı Zeynep ile oynar ve: Ey Zeynepçik, ey Zeynepçik! diye defalarca söylerdi..."[125]

---

122   Buhârî ve Müslim.
123   Buhârî.
124   es-Silsiletu›s-Sahiha, no: 70.
125   es-Silsiletu›s-Sahiha, 2141; Sahihu›l-Câmi›, 5025.

Peygamber efendimizin merhameti pek büyük bir ibadeti ifa ederken bile çocukları kuşatırdı. O kızı Zeynep ile Ebu'l-Âs b. er-Rabi'in kızı Umame'yi taşıyarak namaz kılardı. Ayağa kalktığında kızı taşır, secde ettiğinde yere koyardı.[126]

Mahmud b. er-Rabî -radıyallahu anh-den dedi ki: Rasûlullah -sallallahu aleyhi ve sellem- bir kovadan su alıp, yüzüme püskürttüğünü hatırlarım. Bu su evimizdeki bir kuyudan alınmıştı. O sırada ben beş yaşındaydım.[127]

O yüce Peygamber büyüğe de, küçüğe de bir öğretmen idi...

İbn Abbas -radıyallahu anh-'dan dedi ki: Bir gün Peygamber -sallallahu aleyhi ve sellem- arkasında (binek üzerinde) idim. Bana dedi ki:
"Evlat, ben sana bir kaç kelime öğreteceğim: Allah'ı(n hudutlarını) koru ki, O da seni korusun. Allah'ı(n hudutlarını) koru ki O'nu daima karşında bulasın. Dilekte bulunacak olursan Allah'tan dile, yardım istersen Allah'tan iste."[128]

Peygamber -sallallahu aleyhi ve sellem- üstün özellikleri ve pek hoş sîreti ile birlikte bir müddet yaşadık. Belki böylece kalplerimizi diriltir ve hayat yolumuzda onun izinden gideriz. Evlerimiz de babalığın şefkatine, anneliğin merhametine, küçük kalplerinin sevinç duymasına ihtiyaçları bulunan küçüklerle, yavrularla çiçek açar... Böylelikle küçük çocuk; duygularıyla, ahlâkı ile dosdoğru bir şekilde yetişir ve yiğit bir şekilde ümmetin önüne geçer. Yüce Allah'ın tevfiki ile babaların ve annelerin ortaya çıkaracağı yiğitler olacaktır bunlar.

TAHAMMÜLKÂRLIK, YUMUŞAKLIK VE SABIR

Zorbalık, zorla ve mecbur bırakarak hakların gasp edilmesi, zalimlerin ve zulmedenlerin niteliklerindendir. Peygamberimiz ise -salât ve selamın en üstünü ona- hak sahibi olan herkes için hakkını elde edinceye ve alıncaya

---

126   Buhârî ve Müslim.
127   Buhârî ve Müslim.
128   Tirmizî.

kadar adalet ve desteklemenin temellerini atmış, yüce Allah'ın ona bahşetmiş olduğu hayrı ve hayır yolunda gerekli emir ve yasakları koymayı yönlendirmiş ve uygulamaya koymuştur... Bizler onun evinde herhangi bir haksızlığa uğramaktan, zorbalıktan, saldırı ve malımızın talan edilmesinden korkmuyoruz.

Âişe -radıyallahu anha-'dan şöyle dediği rivâyet edilmiştir: Rasûlullah -sallallahu aleyhi ve sellem- asla bir şeye eliyle vurmuş değildir. Ne bir kadını, ne de bir hizmetçiyi -Allah yolunda cihad etmesi hali dışında- döğmemiştir. Ona herhangi bir haksızlık yapılmışsa, bu haksızlığı yapandan intikam almamıştır. Ancak yüce Allah'ın haram kıldıklarından herhangi bir şey çiğnenecek olursa, yüce Allah için intikam alırdı."[129]

Enes -radıyallahu anh-'dan şöyle dediği rivâyet edilmiştir: Rasûlullah -sallallahu aleyhi ve sellem- ile birlikte yürüyorduk. Üzerinde kenarları oldukça kaba, Necran dokuması bir elbise vardı. Bedevi bir Arap yetişti ve elbisesinden şiddetlice kendisine doğru çekti. Peygamber -sallallahu aleyhi ve sellem- omzuna baktım, elbisesinin kenarı, şiddetlice çekmesinden dolayı boynunda iz bırakmıştı. Bu bedevi sonra şunları söyledi: Ey Muhammed! Yanındaki Allah'ın malından bana bir şeyler verilmesini emret. Peygamber ona baktı, güldü, sonra da ona belli bir şey verilmesini emretti.[130]

Rasûlullah -sallallahu aleyhi ve sellem- Huneyn gazvesinden geri döndüğünde bedevi Araplar peşine takılıp ondan bir şeyler istemeye koyuldular. Nihayet bir ağacın yanında ona yetiştiler. Devesi üzerinde olduğu halde ridâsı üzerinden düştü. O: "Bana ridamı geri veriniz. Benim cimrilik yapacağımdan mı korkuyorsunuz?" diye buyurdu. Sonra şöyle buyurdu: "Allah'a yemin ederim, eğer şu yerdeki ağaç dipleri sayısınca develerim olsaydı, onları dahi aranızda pay ederdim. Sonra benim cimrilik ettiğimi, korkaklık gösterdiğimi, yalan söylediğimi de asla göremezdiniz."[131]

Eğitimin en göz kamaştırıcı, öğretimin en güzel tablolarından birisi de bütün işlerde yumuşak davranmak, maslahatları bilmek, kötülükleri bertaraf edebilmektir... Ashab-ı Kiram hata eden, ayağı kayan birisini gördüler, bundan ötürü gayrete

129   Ahmed.
130   Buhârî ve Müslim.
131   Beğavî, Şerhu›s-Sünne›de; Elbânî de sahih olduğunu belirtmektedir.

geldiler. Çabucak tepki göstermeye koyuldular. Bunda da haklı idiler... fakat o tahammülkâr, o yumuşak Peygamber -sallallahu aleyhi ve sellem-, bu işi yapanın bilgisizliği ve bundan doğacak zarardan ötürü istediklerini yapmalarına engel oldu. Böylelikle Rasûlullah -sallallahu aleyhi ve sellem- yaptığının, daha uygun olduğu ortaya çıktı.

Ebu Hureyre -radıyallahu anh- dedi ki: Bedevi bir Arap mescidde küçük abdestini bozdu. Hazır bulunanlar üzerine atılmak üzere yerlerinden kalktılar. Peygamber -sallallahu aleyhi ve sellem- şöyle buyurdu:
"Onu bırakınız. Onun küçük abdesti üzerine bir kova -ya da büyükçe bir kova- dökünüz. Sizler kolaylaştırıcı kimseler olarak gönderildiniz, zorluk çıkartanlar olarak gönderilmediniz."[132]

Rasûlullah -sallallahu aleyhi ve sellem- davet işinde gösterdiği sabır ona uymayı, onun yolunda yürümeyi, nefsî maksatlarla intikam almamayı gerektirir. Âişe -radıyallahu anha-'dan rivâyete göre o Peygamber -sallallahu aleyhi ve sellem-'e şöyle sordu:
"Senin için Uhud'dan daha ağır bir gün oldu mu?" Peygamber şöyle buyurdu: "Senin kavminden çok şeyler çektim. Onlardan çektiğim en büyük sıkıntı ise Akabe günü yaptıklarıdır. Ben kendimi İbn Abdi Yâlîl b. Abdi Külâl'a (himaye etmeleri için) arzettim, o benim istediğimi kabul etmedi. Kederli bir şekilde gerisin geri döndüm. Kendime geldiğimde Karnu's-Seâlib denilen yerde idim. Başımı kaldırdım, beni gölgelendiren bir bulut ile karşılaştım. Buluta baktım, orada Cebrail'i görüyordum. Bana şöyle seslendi: Yüce Allah senin kavminin sana söylediklerini, sana ne şekilde cevap verdiklerini duymuştur. Sana haklarında dilediğini emretmen üzere dağlarla görevli meleği gönderdi. Dağların meleği bana seslendi, bana selâm verdi, sonra dedi ki: Ya Muhammed! Muhakkak Allah kavminin sana söyledikleri sözü duymuştur. Ben dağlarla görevli meleğim. Rabbin beni sana dilediğini emretmen üzere gönderdi. Eğer istersen Mekke'nin iki tarafındaki dağları onların üzerine yıkarım." Peygamber -sallallahu aleyhi ve sellem- şöyle buyurdu: "Hayır, ben Allah'ın onların sulblerinden, Allah'a hiçbir şeyi ortak koşmaksızın ibadet edecek kimseleri çıkartacağını ümit ediyorum."[133]

---

132 Buhârî.
133 Buhârî ve Müslim.

Bugün bazı kimseler davet işinde acele sonuç almak istemekte, çabucak mahsul toplamayı ümit etmektedir. Nefsî sâiklerle intikam almak, daveti ve davetteki ihlâsı yaralamış bulunmaktadır... Bazı davetlerin başarısız olması bundandır. Bu husus davetçiler arasında yaygınlık kazandığındandır. Nerde sabır, nerde tahammül?

Seneler sonra uzun bir sabır ve uzunca bir cihad döneminden sonra Rasûlullah -sallallahu aleyhi ve sellem- umduğu gerçekleşti.

"Toprağa basanların en hayırlısı ile nasıl boy ölçüşülebilir?

Her bir kol onun yüksekliğini ölçmekte kusurlu kalır.

Onun yanında şerefli her kimsenin şerefinden sözetmeye değmez

Her iki şehrin büyüğü de ona nispetle değersizdir."

İbn Mesud -radıyallahu anh-'dan şöyle dediği rivâyet edilmiştir: Rasûlullah -sallallahu aleyhi ve sellem-'i peygamberlerden bir peygamberi (Allah'ın salât ve selâmları üzerine olsun) anlatırken gözlerimin önünde görüyor gibiyim. Kavmi o peygambere bir darbe indirmiş, yaralayıp kanını akıtmış, o ise yüzüne akan kanları silerken: "Allah'ım kavmime, mağfiret buyur, çünkü onlar bilmiyorlar" diyordu.[134]

Bir gün Rasûlullah -sallallahu aleyhi ve sellem- ashabı ile birlikte bir cenazede bulunuyor iken Zeyd b. Su'ne adındaki bir Yahûdi gelip, ondan bir alacağını istedi. Peygamber efendimizin gömleğinin ve ridâsının yakasını tuttu, kaba bir şekilde ona baktı ve: Ey Muhammed dedi. Benim hakkımı ödemeyecek misin? Ağır sözler de söyledi. Ömer b. el-Hattab -radıyallahu anh- öfkelendi, gözleri yörüngesinde dönen bir yıldız gibi dönerek ona baktı ve: Ey Allah'ın düşmanı, dedi. Sen duyduğum bu sözleri Rasûlullah'a mı söyledin, bu gördüklerimi ona mı yaptın? Onu hak ile gönderene yemin olsun ki, eğer onun kınayacağından çekinmemiş olsaydım şu kılıcımla kafanı vururdum. Rasûlullah -sallallahu aleyhi ve sellem- ise Ömer'e sükûnetle, vakar ile bakıyordu. Sonra şöyle dedi: "Ey Ömer! Benim de, onun da şu yaptığından başka bir şeye ihtiyacımız vardır. Sen bana borcunu güzelce ödememi söylemeliydin, buna da borcunu güzel bir

---

134   Buhârî ve Müslim.

şekilde istemesini emretmeliydin. Ya Ömer! Bunu al, git ve ona hakkını ver. Ayrıca ona yirmi sa' hurma da fazladan ver."

Yahudi Zeyd anlatıyor: Ömer'in kendisine fazladan yirmi sa' hurma verdiğini görünce: Bu fazlalık da ne, ey Ömer? dedim. Ömer: Rasûlullah -sallallahu aleyhi ve sellem- bana senin bu kötü davranışın yerine hakkından fazlasını vermemi emretti. Zeyd: Beni tanıyor musun ey Ömer dedi, Ömer: Hayır sen kimsin diye sordu. Adam: Ben Zeyd b. Su'ne'yim dedi. Ömer: O haham olan mı? dedi, ben: Evet o haham olan dedim. Ömer: Peki Rasûlullah -sallallahu aleyhi ve sellem-'e o yaptıklarını yapmaya ve o sözleri söylemeye seni iten neydi dedi. Zeyd dedi ki: Ey Ömer! Peygamberlik alâmetlerinin hepsini Rasûlullah -sallallahu aleyhi ve sellem- yüzüne bakınca -ikisi dışında- gördüm. O ikisini onda denemedim: Acaba tahammülkârlığı, cahilce davranışlarını bastıracak ve ona karşı yapılan ağır cahilce davranışlar onun tahammülkârlığından başkasını mı arttıracaktı? Ben bunları da denedim. Artık seni şahit tutuyorum ey Ömer. Ben rab olarak Allah'ı, din olarak İslâmı, peygamber olarak Muhammed -sallallahu aleyhi ve sellem-'i beğenip seçtim. Seni şahit tutuyorum ki, malımın yarısı Muhammed -sallallahu aleyhi ve sellem- ümmetine sadaka olsun. Bunun üzerine Ömer -radıyallahu anh- şöyle dedi: Ya da onların bir kısmı için olsun de, çünkü sen hepsini kuşatamazsın. Bunun üzerine Zeyd: Evet bir kısmına olsun, dedi.

Yahudi Zeyd Rasûlullah -sallallahu aleyhi ve sellem- yanına dönerek: Eşhedu en lâ ilâhe illallah ve eşhedu enne Muhammeden abduhû ve rasûluhû dedi, ona iman edip, onu tasdik etti.[135]

Bizler Peygamber efendimizin takındığı tavrı, bunun sonucunu, bu hadisedeki uzunca konuşmaları dikkatle tetkik edelim. Belki önderimiz, örneğimiz Muhammed -sallallahu aleyhi ve sellem-'e uymak konusunda insanlara karşı sabırlı olmak, onları yumuşaklıkla ve tahammülkârlıkla davet etmek noktasında bir pay sahibi oluruz.

İyilik yaptıkları takdirde onları daha çok teşvik eder ve ruhlarında ümit tohumlarını yerleştirebiliriz.

Âişe -radıyallahu anha-'dan dedi ki: Peygamber -sallallahu aleyhi ve sellem-

---

135   Hakim, Müstedrek›inde sahih olduğunu belirterek rivayet etmiştir.

ile birlikte Medine'den umreye başladım. Mekke'ye geldiğim vakit dedim ki: Anam babam sana feda olsun ey Allah'ın Rasûlü! Ben saçlarımı kısalttım, umremi tamamladım, oruç açtım, oruç tuttum. Peygamber: "Güzel yaptın ey Âişe" dedi ve beni ayıplamadı.[136]

Sofralar, tencereler, buyruk sahiplerinin evlerinde toplumun ileri gelenleri ile toplum arasında gider, gelir...

Bu ümmetin peygamberinin de emri altında ülkeler ve kullar var. Develer ona çeşitli erzak yüklenmiş olarak gelir, altın ve gümüş onun önünde dolup taşar. Acaba onun yediği, içtiği nasıldı? Krallar gibi mi yaşıyordu? Yoksa onlardan daha yüksek ve azametli mi? Yedikleri zengin ve varlıklıların yemekleri gibi miydi? Yoksa daha mükemmel ve eksiksiz miydi?

Rasûlullah -sallallahu aleyhi ve sellem- yemeğinin azlığını, onun oldukça az ile yetindiğini görmekten sakın şaşırma! Enes -radıyallahu anh- bize şunu anlatıyor: Peygamberin yanında ne öğlen ne de akşam yemeklerinde ekmek ve et birarada bulunmuş değildir. Ancak yiyecek olanlar çok olup yiyeceğin az olduğu durumlar hariç.[137]

Yani o ancak çok istisnaî hallerde doymuştur. Yahut da o misafirleri geldiği vakit müstesnâ hiçbir zaman doymamıştır. Misafirleri gelince, onların yabancılık çekmemesi ve gönüllerini hoş etmek zorunluluğundan ötürü karnını doyururdu.

Âişe -radıyallahu anha-'dan şöyle dediği rivâyet edilmiştir: "Muhammed'in aile halkı Rasûlullah -sallallahu aleyhi ve sellem- vefat edinceye kadar arka arkaya iki gün arpa ekmeği ile karınlarını doyurmuş değillerdir."[138]

Bir rivâyette de şöyle denilmektedir: "Muhammed'in ailesi Medine'ye geldiğinden beri, vefat edinceye kadar ardı arkasına üç gün buğday ekmeği ile karınlarını doyurmuş değillerdir.[139]

---

136   Nesâî.
137   Tirmizî.
138   Müslim.
139   Buhârî ve Müslim.

Hatta o yüce Peygamber yiyecek bir şey bulamıyor, karnına bir lokma indirmeden aç uyuyordu. İbn Abbas -radıyallahu anh-'dan şöyle dediği rivâyet edilmiştir: Rasûlullah -sallallahu aleyhi ve sellem- da hanımları da hiçbir şey yemeden gecelerce aç uyurdu. Akşam yemeği bulamazlardı. Ekmekleri çoğunlukla arpa ekmeği idi.[140]

Bunun böyle olması, yiyeceğin azlığı ya da nâdir oluşundan değildi. Aksine elinin altında mallar dolup taşıyordu. Asil develer, koca koca yükleriyle onun yanına geliyordu... Fakat yüce Allah, yüce peygamberi için en mükemmel ve en doğru olan hali seçmişti.

Ukbe b. el-Hâris -radıyallahu anh- dedi ki: Peygamber -sallallahu aleyhi ve sellem- bize bir ikindi namazını kıldırdı. Daha sonra çabucak kalkıp eve girdi, sonra hemen çıktı. Ben ona bunun sebebini sordum ya da soruldu, şöyle dedi: "Evde zekât malından bir miktar altın bırakmıştım. Geceleyin evimde kalması hoşuma gitmedi. Onun için paylaştırıverdim."[141]

Hayret verici cömertlik! Benzersiz bağışlar ancak bu ümmetin peygamberinin yaptığı işlerdir... Enes -radıyallahu anh-'dan dedi ki: Rasûlullah -sallallahu aleyhi ve sellem- müslüman olmak üzere ne istendiyse mutlaka onu vermiştir. Bir adam ona geldi, iki dağ arasındaki koyunları ona verdi. Kavmine geri dönüp şunları söyledi:
"Kavmim, müslüman olunuz. Muhammed fakirlikten korkmayan bir kimsenin verişi gibi veriyor..." [142]

Bu bağış ve cömertliği ile birlikte... Bu ümmetin peygamberinin halini düşünelim... Enes -radıyallahu anh-'dan şöyle dediği rivâyet edilmiştir: Peygamber -sallallahu aleyhi ve sellem- vefat edinceye kadar masa üzerinde yemek yemedi. Yine vefat edinceye kadar yufka ekmek yemedi.[143]

Âişe -radıyallahu anha-'nın bize naklettiğine göre Peygamber yanına gelir ve ona: "Yanında yiyecek bir şeyler var mı?" diye sorardı, Âişe: Hayır deyince, o da: "O halde ben bugün oruçluyum", derdi."[144]

---

140 Tirmizî.
141 Müslim.
142 Müslim.
143 Buhârî.
144 Müslim.

Peygamber -sallallahu aleyhi ve sellem-'den sabit olduğuna göre; üzerlerinden bir iki ay geçerdi de, onun da, ev halkının da yemekleri sadece hurma ve sudan ibaret olurdu.[145]

Yiyeceğin azlığı ile birlikte onun yüksek ahlâkı ve İslâmî edebi yüce Allah'ın nimetine şükretmesini, sonra da bu nimeti hazırlayana teşekkür etmesini, bir yanlışlık yaparsa onu azarlamamasını gerektiriyordu... Çünkü bu yemeği hazırlayan olanca gayretini ortaya koymuş, fakat doğru olanı yapamamış oluyordu. Bundan dolayı yüce Peygamber hiçbir yemeği ayıplamaz, yemek pişiren hiçbir kimseyi kınamaz, mevcut olanı geri çevirmez, olmayanı istemezdi. O bu ümmetin peygamberi idi, onun derdi karnı ve yemeği değildi.

Ebu Hureyre -radıyallahu anh-'dan dedi ki: Rasûlullah -sallallahu aleyhi ve sellem- hiçbir zaman bir yemeği ayıplamadı, canı çektiyse o yemeği yedi, hoşlanmadıysa bıraktı.[146]

Yiyeceğe, içeceğe kendisini kaptıran sevgili dostlarımız için de Şeyhu'l-İslam İbn Teymiye'nin şu sözlerini özetle zikretmek istiyorum:
Yiyeceğe ve giyeceğe gelince, şüphesiz en hayırlı yol gösterici Muhammed -sallallahu aleyhi ve sellem-'dir. Yemek hususundaki ahlâkı imkân dahilinde bulunanları canı çekiyorsa yemekti. Mevcut olanı geri çevirmiyor, olmayanın bulunmasını istemiyordu. Ekmek ve et hazır varsa yerdi. Meyve, ekmek ve et varsa onu da yerdi. Sadece hurma yahut sadece ekmek varsa onları yerdi. İki çeşit yemek oldu mu da ben iki çeşit yemem demez, lezzeti ve tadı dolayısıyla da (nefsimi terbiye edeceğim diye) herhangi bir yemeği yememezlik etmezdi. Hadiste şöyle dediği sabittir: "Ama ben oruç da tutarım, yerim de, gece namaz da kılarım, uyurum da, hanımlarla da evlenirim, et de yerim. Benim sünnetimden yüz çeviren benden değildir."

Yüce Allah da hoş ve temiz şeyleri yemeyi ve Allah'a şükretmeyi emretmiştir. Hoş ve temiz şeyleri haram kılan, haddi aşmış bir kimse olur. Allah'a şükretmeyen bir kimse ise Allah'ın hakkını zayi eden ve kusurlu hareket eden bir kimsedir. Rasûlullah -sallallahu aleyhi ve sellem- izlediği yol, yolların en mutedili, en doğrusudur. Bu yoldan sapmak da iki şekilde olur: Birtakım

---

145 Buhârî ve Müslim.
146 Buhârî ve Müslim.

kimseler aşırıya giderek farzları yerine getirmekten yüz çevirmekle birlikte, arzularının istediği herşeyi yapar. Bir diğer kesim ise hoş ve temiz şeyleri haram kılar, yüce Allah'ın teşrî' buyurmadığı bir ruhbanlığı bid'at olarak ortaya koyarlar. İslâmda ise ruhbanlık yoktur.

Daha sonra şunları söylemektedir: "Helâl olan her şey hoş ve temizdir, hoş ve temiz olan her şey de helâl demektir. Yüce Allah bizlere hoş ve temiz şeyleri helâl kılmış, pis ve murdar şeyleri haram kılmıştır. Fakat bşr şeyin hoş ve temiz olması, onun faydalı ve lezzetli olması itibariyledir. Yüce Allah ise bizlere zarar veren her şeyi haram kılmış, bize faydası olan herşeyi mübah kılmıştır...

İnsanların yemek, giyinmek, aç kalmak, tok kalmak hususlarındaki halleri farklı farklıdır. Bir kişinin bile hali çeşitli olmaktadır; fakat amellerin en hayırlısı Allah'a daha çok itaat, sahibine daha çok faydalı olandır."[147]

BAŞKALARININ ŞEREF VE HAYSİYETLERİNİ HİMAYE ETMEK

Meclislerin en değerlileri ilim ve zikir meclisleridir. Ya Âdemoğullarının en seçkini, bu ümmetin öğretmeni, hadisiyle, öğretimiyle ve yönlendirmesiyle meclisin ortasında bulunuyorsa ne denir? O, bulunduğu meclisin saflığının, Peygamber -sallallahu aleyhi ve sellem- kalbinin temizliğinin bir sonucu olarak, hata edenin hatasını düzeltiyor, bilgisize öğretiyor, gaflette olanı uyarıyor, meclisinde hayırdan başka hiçbir şeyi kabul etmiyordu... Eğer kendisi konuşmakta olan birisine kulak verip dinliyorsa, gıybet yapılmasını kabul etmez, laf götürüp getirmeye (nemîmeye) ya da herhangi bir iftiraya razı olmazdı. Bundan dolayı onun başkalarının şeref ve haysiyetini koruyup savunduğunu görüyoruz.

İtban b. Mâlik -radıyallahu anh-'dan şöyle dediği rivâyet edilmiştir: Peygamber -sallallahu aleyhi ve sellem- namaza kalkmak istedi.

"Mâlik b. ed-Duhşum nerede?" diye sordu. Bir adam:

---

147   İbn Teymiye, Mecmûu'l-Fetâvâ, XXII, 310'dan kısaltılarak.

O Allah'ı ve Rasûlünü sevmeyen münafık bir kimsedir, dedi. Peygamber -sallallahu aleyhi ve sellem- şöyle buyurdu:

"Hayır böyle yapma! Onun Allah'ın rızasını ümit ederek lâ ilâhe illallah demiş olduğunu görmüyor musun? Şüphesiz Allah, yüce Allah'ın rızasını arayarak lâ ilâhe illallah diyen kimseye cehennem ateşini haram kılmıştır."[148]

Peygamber -sallallahu aleyhi ve sellem- yalancı şahitlikten ve başkalarının haklarını alıp, başkalarına vermekten çokça sakındırırdı.

Ebu Bekr -radıyallahu anh-'dan şöyle dediği rivâyet edilmiştir: Rasûlullah -sallallahu aleyhi ve sellem- buyurdu ki:

"Size büyük günahların en büyüğünü bildireyim mi?" Biz:

Evet, ey Allah'ın Rasûlü, dedik. Şöyle buyurdu:

"Allah'a ortak koşmak, anne babaya karşı gelmek" Bu sırada yaslanmış iken oturdu ve şöyle devam etti:

"Dikkat edin, bir de yalan şahidlikte bulunmak." Bunu o kadar tekrarlayıp durdu ki, keşke sussa diye içimizden geçirdik.[149]

Mü'minlerin annesi Âişe -radıyallahu anha-'ya olan sevgisine rağmen onun gıybet yapmasını tepki ile karşılamış ve ona gıybetin ne kadar büyük bir tehlike olduğunu açıklamıştır... Âişe -radıyallahu anha-'dan şöyle dediği rivâyet edilmiştir: Peygamber -sallallahu aleyhi ve sellem-'e: Safiye'nin şöyle şöyle olması yeter, dedim. Ravilerden birisi, onun kısa boylu olduğunu kastetmişti, diye açıkladı. Peygamber -sallallahu aleyhi ve sellem- şöyle buyurdu: "Sen öyle bir söz söyledin ki, eğer o deniz suyuna karıştırılacak olsa, onun her tarafını bozardı."[150]

Peygamber -sallallahu aleyhi ve sellem- kardeşlerinin namusunu, şeref ve haysiyetini koruyan kimselere müjde vererek şöyle buyurmaktadır:

"Her kim gıybeti yapılan kardeşinin şeref ve haysiyetini savunarak koruyacak olursa, o kimseyi cehennem ateşinden azad etmek Allah'ın üzerinde bir hak olur."[151]

---

148   Buhârî ve Müslim.
149   Buhârî ve Müslim.
150   Ebû Davûd.
151   Ahmed.

YÜCE ALLAH'I ÇOKÇA ANMAK

Bu ümmetin peygamberi olan ilk mürebbinin, ibadet ve kalbi sürekli Allah ile birlikte bulundurmak konusunda hayret edilecek bir hali vardır. O yüce Allah'ı zikretmeden, O'na hamdedip, şükretmeden, O'ndan mağfiret dilemeden, O'na dönmeden tek bir vakit dahi geçirmezdi. Onun geçmiş gelecek bütün günahları bağışlanmış olmakla birlikte o çok şükreden bir kul, şükreden bir peygamber, hamdeden bir rasûl idi. Rabbini gereği gibi bilip tanımış, O'na hamdetmiş, O'na dua etmiş, O'na yönelmiş, O'na dönmüştür. Zamanının değerini bilmiş, ondan alabildiğine yararlanmaya gayret etmiş, zamanını itaat ve ibadet ile imar etmeye çokça özen göstermiştir.

Âişe -radıyallahu anha-'dan şöyle dediği rivâyet edilmiştir: Rasûlullah -sallallahu aleyhi ve sellem- yüce Allah'ı bütün zamanlarında zikrederdi.[152]

İbn Abbas -radıyallahu anh-'dan şöyle dediği rivâyet edilmiştir: Biz Rasûlullah -sallallahu aleyhi ve sellem- aynı mecliste yüz defa "Rabbim bana mağfiret buyur, tevbemi kabul et. Çünkü şüphesiz sen tevbeleri çokça kabul edensin, çok merhametlisin." dediğini sayıyorduk.[153]

Ebu Hureyre -radıyallahu anh- dedi ki: Rasûlullah -sallallahu aleyhi ve sellem-'i şöyle buyururken dinledim: "Allah'a yemin ederim ki, ben bir günde yetmiş defadan daha fazla Allah'tan mağfiret diler ve O'na tevbe ederim."[154]

İbn Ömer -radıyallahu anh-'dan şöyle dediği rivâyet edilmiştir: Biz Rasûlullah -sallallahu aleyhi ve sellem- aynı mecliste yüz defa: "Rabbim bana mağfiret buyur, tevbemi kabul et. Çünkü muhakkak sen çokça tevbeleri kabul edensin, çok merhametlisin" dediğini sayardık.[155]

Mü'minlerin annesi Um Seleme, Rasûlullah -sallallahu aleyhi ve sellem- yanında iken en çok yaptığı duanın: "Ey kalpleri evirip çeviren (Allah'ım), dinin üzere kalbime sebat ver." duası olduğunu söylerdi.[156]

---

152 Müslim.
153 Ebû Davûd.
154 Buhârî.
155 Tirmizî.
156 Tirmizî.

KOMŞU

Rasûlullah -sallallahu aleyhi ve sellem- komşuluğu ne kadar güzeldi! Rasûlullah -sallallahu aleyhi ve sellem- gözünde komşunun pek büyük bir yeri vardı. Peygamber -sallallahu aleyhi ve sellem- şöyle buyurmuştur:

"Cibril bana komşuyu aralıksız o kadar çok tavsiye etti ki, onu mirasçı kılacak zannettim."[157]

Ebu Zerr -radıyallahu anh-'e da şu tavsiyede bulunmuştur:
"Ey Ebu Zerr, sen sulu yemek pişirecek olursan onun suyunu çok yap ve komşularını gözet!"[158]

Komşuya eziyet etmekten de sakındırmıştır. Peygamber -sallallahu aleyhi ve sellem- buyurdu ki:
"Komşusu vereceği sıkıntılardan yana kendisini güvenlikte görmeyen bir kimse cennete giremez."[159]

Peygamber -sallallahu aleyhi ve sellem- şu buyruğunun kapsamına giren komşulara da ne mutlu:
"Allah'a ve âhiret gününe iman eden bir kimse komşusuna iyilik yapsın."[160]

GÜZEL GEÇİM

Âişe -radıyallahu anha-'dan şöyle dediği rivâyet edilmiştir: "Peygamber -sallallahu aleyhi ve sellem-'e bir adam hakkında olumsuz herhangi bir bilgi ulaştığı vakit: Filan kişiye ne oluyor ki, şöyle şöyle diyor, demez. Bunun yerine: "Bir takım kimselere ne oluyor ki, şunları şunları söylüyorlar", derdi."[161]

Enes b. Malik -radıyallahu anh-'dan rivâyete göre bir adam Rasûlullah -sallallahu aleyhi ve sellem- huzuruna üzerinde (uspurun) sarılığın(ın) geriye bıraktığı iz

---

157   Buhârî ve Müslim.
158   Müslim.
159   Müslim.
160   Müslim.
161   Tirmizî.

bulunduğu halde girdi. Rasûlullah -sallallahu aleyhi ve sellem- ise, kimsenin yüzüne karşı bir şeyden hoşlanmadığını çok az belli ederdi. Adam dışarı çıkınca: "Şu adama şu sarılığın izini üzerinden yıkamasını söyleseniz (iyi olur)" diye buyurdu.[162]

İbn Mesud -radıyallahu anh-'dan şöyle dediği rivâyet edilmiştir: Rasûlullah -sallallahu aleyhi ve sellem- buyurdu ki:

"Size kimlerin ateşe girmelerinin haram olduğunu yahut da ateşin kimlere haram olduğunu haber vereyim mi? Ateş (cehennem azabı) yakın, yumuşak, esnek ve kendisiyle geçimin kolay olduğu herkese haramdır."[163]

HAKLARI YERİNE GETİRMEK

İnsanın üzerindeki haklar pek çoktur. Allah'ın hakkı vardır, ailenin hakkı vardır, kişinin kendisinin hakkı vardır, kullarının hakları vardır. Acaba Rasûlullah -sallallahu aleyhi ve sellem- vaktini nasıl paylaştırdı ve gününden nasıl yararlandı?

Enes -radıyallahu anh-'dan şöyle dediği rivâyet edilmiştir: Üç kişi Peygamber -sallallahu aleyhi ve sellem- (hanımlarının) hücrelerine gelerek onun ibadetine dair soru sordular. Kendilerine bu husus haber verilince, onun ibadetini az görür gibi oldular ve şöyle dediler: Biz nerde, Peygamber -sallallahu aleyhi ve sellem- nerde? Üstelik onun geçmiş ve gelecek bütün günahları bağışlanmış bulunuyor. Onlardan birisi: Ben her zaman gece boyu namaz kılacağım, dedi. Diğeri: Ben her gün oruç tutacağım ve açmayacağım, dedi. Diğeri: Ben de hanımlardan uzak kalacağım, ebediyyen evlenmeyeceğim, dedi. Rasûlullah -sallallahu aleyhi ve sellem- yanlarına gelerek şöyle dedi:

"Şunları şunları söyleyen sizler miydiniz? Ben ise Allah'a yemin ederim, aranızda Allah'tan en çok korkan, aranızda ona karşı en takvalı olan kimseyim. Fakat ben (kimi günlerde) oruç tutarım, (kimi günlerde) oruç açarım, (geceleyin) hem namaz kılarım, hem yatar uyurum, hanımlarla da evlenirim. Her kim benim sünnetimden yüz çevirirse benden değildir."[164]

---

162 Ebû Dâvud ve Ahmed.
163 Tirmizî.
164 Buhârî ve Müslim.

KAHRAMANLIĞI VE SABRI

Rasûlullah -sallallahu aleyhi ve sellem- kahramanlıktan payı oldukça fazla, hatta en üst mertebededir. Onun böyle olması Allah'ın bu dine bir yardımı ve yüce Allah'ın kelimesini yüceltmesi içindir. O da Allah'ın kendisine ihsan ettiği nimetleri doğru yerlerinde değerlendirmiştir. İşte Âişe -radıyallahu anha- şunları söylüyor: "Rasûlullah -sallallahu aleyhi ve sellem- Allah yolunda cihad etmesi hali dışında, hiçbir şeye eliyle vurmadı. Ne bir hizmetçi, ne de bir hanım dövdü."[165]

Onun kahramanlığının göstergelerinden birisi de Kureyş kâfirleri ve ileri gelenleri önünde tek başına bu dine davette bulunmasıydı. Bu din üzere, Allah ona yardım gönderinceye kadar sebat göstermesiydi. Hiçbir zaman, yanımda kimse yok, herkes bana karşı, demedi. Aksine o yüce Allah'a güvendi, O'na tevekkül etti, İslâma daveti açıkça yaptı. İnsanların en kahramanı, kararlılığı ve atılganlığı bakımından en ileri mertebede olan idi... İnsanların kaçtığı zamanlarda bile o yerinde durur, sebat gösterirdi.

Peygamber -sallallahu aleyhi ve sellem- Hira dağında ibadete çekilmişti. O sırada Kureyşlilerden herhangi bir eziyet görmemiş, Kureyş ona karşı savaşmıyordu. Kâfir toplulukların onun karşısında tek bir cephe haline gelmeleri ancak Rasûlullah -sallallahu aleyhi ve sellem- tevhidi açıkça ilan edip, yalnızca yüce Allah'a ibadet etmek gereğini haykırınca gerçekleşti. Kâfirler onun bu davetine hayret ettiklerini. "Acaba o bunca ilâhı tek bir ilah mı yaptı?" (Sad, 37/5) sözleriyle dile getirmişlerdir. Çünkü onlar haklarında yüce Allah'ın: "Biz onlara ibadet ediyor değiliz, ancak bizi Allah'a yaklaştırsınlar diye (onları) velî ediniyoruz" (ez-Zümer, 39/3) dediklerini naklettiği gibi, putları kendileri ile Allah arasında aracı ediniyorlardı. Yoksa onlar rab olarak yüce Allah'ın bir ve tek olduğunu kabul ediyorlardı:
"De ki: 'Göklerden ve yerden sizi rızıklandıran kimdir?' Allah'tır, de. Şüphe yok ki biz yahut siz ya bir hidâyet üzereyiz ya da apaçık bir sapıklıkta." (Sebe, 34/24)

---

165 Müslim.

Ölülere dua etmek, onları aracı edinmek, onlara adaklarda bulunmak, onlardan korkmak ve onlardan bir şeyler ümid etmek türünden müslüman topraklarının her tarafına şirkin yayılmış olduğu üzerinde düşünmelisin, müslüman kardeşim. Öyle ki müslümanların bu şirkleri sebebiyle yüce Allah ile bağları paramparça olmuş, ölüler, asla ölmeyen o mutlak hayat sahibinin konumuna yükseltilmiş; fakat: "Çünkü kim Allah'a ortak koşarsa, hiç şüphesiz Allah ona cenneti haram kılmıştır. Onun varacağı yer ise ateştir." (el-Maide, 5/72)

Peygamber -sallallahu aleyhi ve sellem- evinden kuzey tarafında karşıdaki dağa bakıyoruz. Bu Uhud dağıdır. Peygamber -sallallahu aleyhi ve sellem- kahramanlığının, sebatının, o büyük vaka sırasında ona isabet eden yaraya karşı sabır göstermesinin açıkça görüldüğü büyük vakıanın meydana geldiği yerdir. Peygamberin o kıymetli yüzü yaralanmış, ön azı dişi kırılmış, başı da yaralanmıştı.

Sehl b. Sâd -radıyallahu anh- bize Rasûlullah -sallallahu aleyhi ve sellem- yarasını anlatırken şunları söylemektedir: "Allah'a yemin ederim, ben Rasûlullah -sallallahu aleyhi ve sellem- yarasını kim yıkıyordu, onun üzerine kim suyu döküyordu ve ne ile tedavi edildi? Bunların hepsini biliyorum. Rasûlullah -sallallahu aleyhi ve sellem- kızı Fatıma (selâm ona) onun kanlarını yıkıyordu. Ali b. Ebi Talib kalkanıyla taşıdığı suyu döküyordu. Fatıma suyun kanı arttırmaktan başka bir işe yaramadığını görünce, bir hasırdan birkaç parça alıp onları yaktı ve (küllerini) yapıştırdı. Bunun üzerine kan kesildi, ön azı dişi de kırıldı, yüzü yaralandı, başı üzerinde miğfer kırıldı."[166]

Abbas b. Abdu'l-Muttalib -radıyallahu anh- Huneyn savaşında Rasûlullah -sallallahu aleyhi ve sellem- hakkında şunları söylemektedir: Müslümanlar hemen geri dönüp kaçınca Rasûlullah -sallallahu aleyhi ve sellem- katırını kâfirlere doğru koşturmaya koyuldu. Ben ise onun yularını tutmuş, hızlanmasın diye onu geri çekiyordum. O vakit de Peygamber şöyle diyordu: "Ben Peygamberim, yok bunda yalan, ben Abdu'l-Muttalib'in (oğlunun) oğluyum."[167]

Ünlü konumları ve bilinen vakaların kahramanı olan kahraman süvari Ali b. Ebi Talib -radıyallahu anh- da, Rasûlullah -sallallahu aleyhi ve sellem- hakkında şunları söylemektedir: "Savaş kızıştığında, taraflar birbirleriyle

---

166 Buhârî.
167 Müslim.

karşılaştığında, biz Rasûlullah -sallallahu aleyhi ve sellem- ile kendimizi korurduk. Ondan daha çok düşmana yakın hiçbir kimse olmazdı."[168]

Davet hususunda Rasûlullah -sallallahu aleyhi ve sellem- gösterdiği sabır örnek gösterilecek ve izinden gidilecek bir sabırdır. Nihayet yüce Allah bu dinin şanını yüceltip, süvarileri Arap yarımadasını, Şam (Suriye) topraklarını ve Maverau'n-Nehr'i baştan başa geçince... İster yerleşik, ister göçebelere ait olup girmedik hiçbir hane bırakmadı.

Rasûlullah -sallallahu aleyhi ve sellem- şöyle buyurdu:
"Andolsun hiç kimse aynı sebepten korkutulmazken ben Allah yolunda olduğum için korkutuldum. Hiç kimse aynı sebepten ötürü eziyet görmezken, ben Allah uğrunda eziyete maruz kaldım. Üzerimden öyle bir otuz gün ve gece geçti ki, benim de, Bilal'in de canlı bir kimsenin yiyebileceği -Bilal'in koltuk altında gizleyebileceği kadar bir şey müstesna- hiçbir şey yoktu." [169]

Peygamber -sallallahu aleyhi ve sellem- önüne gelen mallara ve ganimetlere, yüce Allah'ın ona müyesser kıldığı fetihlere rağmen o miras olarak ne bir dinar, ne bir dirhem bıraktı. O sadece bu ilmi miras olarak bıraktı. O da peygamberlik mirasıdır. Her kim bu mirastan bir şeyler almak istiyorsa haydi öne geçsin ve böyle bir mirası afiyetle yesin.

Âişe -radıyallahu anha-'dan şöyle dediği rivâyet edilmiştir: "Rasûlullah -sallallahu aleyhi ve sellem- miras olarak ne bir dinar, ne bir dirhem, ne bir koyun, ne bir deve bıraktı ve hiçbir şey de vasiyet etmedi."[170]

PEYGAMBER -sallallahu aleyhi ve sellem- DUASI

Dua pek büyük bir ibadettir. Allah'tan başkasına yapılması caiz değildir. Dua yüce Allah'a muhtaç oluşu, bizzat bir güç ve kuvvete sahip olmaktan uzaklaşışı açıkça ortaya koymaktır. Dua kulluğun alâmeti, beşerî zilletin

---

168 Beğavî, Şerhu's-Sünne, Ayrıca bk. Müslim, III, 1401.
169 Tirmizî ve Ahmed.
170 Müslim.

farkedilmesidir. Dua ile yüce Allah övülmüş olur. Cömertlik, lütuf ve keremin O'na ait olduğu belirtilir. Bundan dolayı Rasûlullah -sallallahu aleyhi ve sellem-: "Dua ibadetin kendisidir." diye buyurmuştur.[171]

Peygamber -sallallahu aleyhi ve sellem- çokça dua eder, niyaz eder, yüce Allah'a muhtaç oluşunu ortaya koyardı. Özlü sözleri ve duayı çokça severdi.

Peygamber -sallallahu aleyhi ve sellem- bir duası şuydu:
"Allah'ım, işimin dayanak noktası olan dinimi benim için ıslâh eyle! Maîşetimin kendisinde bulunduğu dünyalığımı benim için ıslâh eyle! Dönüşümün kendisine olacağı âhiretimi benim için ıslâh eyle! Hayatta kalmayı benim için her türlü hayrın artışına sebep kıl! Ölmeyi de benim için her türlü kötülükten yana rahat etmeye sebep kıl!"[172]

Bir duası da şöyleydi:
"Ey gizliyi ve açığı bilen, gökleri ve yeri yoktan var eden, her şeyin Rabbi ve maliki olan Allah'ım! Şehadet ederim ki, senden başka hiçbir ilâh yoktur. Nefsimin kötülüğünden, şeytanın şerrinden ve tuzaklarından, nefsim aleyhine bir kötülük işlemekten ya da bir müslümana kötülük ulaştırmaktan sana sığınırım."[173]

Bir diğer duası da şöyle idi:
"Allah'ım, helâlin bana yetsin, haram kıldığın şeylere bu sayede muhtaç olmayayım. Lütf-u kereminle de beni başkasına muhtaç olmaktan koru!"[174]

Yüce Rabbine yaptığı bir diğer duası da şöyle idi:
"Allah'ım, bana mağfiret buyur, bana merhamet eyle ve beni en yüce arkadaşa kavuştur."[175]

Peygamber -sallallahu aleyhi ve sellem- rahatlık zamanlarında, sıkıntı zamanlarında yüce Rabbine çokça dua ederdi. Bedir günü müslümanların zaferi, müşriklerin de bozguna uğratılmaları için dua ettiğinde omuzlarından ridâsı yere düşmüştü. Peygamber -sallallahu aleyhi ve sellem- kendisi için, aile halkı için, arkadaşları için ve bütün müslümanlar için çokça dua ederdi.

171　Tirmizî.
172　Müslim.
173　Ebû Davûd.
174　Tirmizî.
175　Buhârî ve Müslim.

ZİYARETİN SON BULMASI

Rasûlullah -sallallahu aleyhi ve sellem- hadislerini, onun güzel yaşayışını, cihadını ve sınavını sözkonusu etmekle kulaklar bir hoş olduktan sonra... Yüce Peygamberin yerine getirilmesi gereken birtakım hakları vardır. Böylelikle hayrımızı tamama erdirmiş, dosdoğru yolu izlemiş oluruz. Onun ümmeti üzerindeki bazı hakları şunlardır:

Söz ve davranış ile ona samimi olarak iman etmek, getirdiği bütün hususlarda onu tasdik etmek, ona itaat etmek, ona karşı gelmekten çekinmek, anlaşmazlık konusunda onun hükmüne başvurmak, verdiği hükme razı olmak, aşırıya gitmeden ve kusurlu da hareket etmeden gerçek konumuna oturtmak, onu insanlardan, aile halkından, maldan, çocuklardan ve bütün insanlardan daha çok sevmek, ona gereken saygıyı göstermek, gerektiği gibi tazim etmek, dinine yardım etmek, sünnet-i seniyesini savunmak, müslümanlar arasında sünnetini ihya etmek, ashab-ı kiramı sevmek, onlardan Allah'ın razı olmasını dilemek, onları korumak, onların hayatlarını, yaşayışlarını okumak...

Peygamber -sallallahu aleyhi ve sellem-'i sevmenin bir gereği olarak da ona salât ve selâm getirmektir. Yüce Allah şöyle buyurmaktadır:

"Şüphesiz Allah ve melekleri Peygambere salât ederler. Ey mü'minler siz de ona salât ve selâm edin." (el-Ahzâb, 33/56)

Peygamber -sallallahu aleyhi ve sellem- şu buyruğu da ona salât ve selâm getirmeyi gerektirmektedir:

"Sizin en faziletli günlerinizden birisi de cuma günüdür. O günde Adem yaratıldı, o günde Sûr'a üflenecek, o günde (Sûr'a bir defa daha üflemekten dolayı) baygın düşülecek. Cuma gününde bana çokça salât ve selâm getiriniz, çünkü sizin salât ve selâmınız bana arzedilir." Bir adam:

"Ey Allah'ın Rasûlü, bizim salât ve selâmımız sen toprak altında çürümüşken sana nasıl arzedilir?" Peygamber şöyle buyurdu:

"Şüphesiz Allah yere peygamberlerin cesetlerini yemeyi haram kılmıştır."[176]

---

176   Ebû Davûd, İbn Mace; Elbânî sahih olduğunu belirtmiştir.

Muhammed -sallallahu aleyhi ve sellem- ümmetinin bu yüce peygamberin hakkını yerine getirmek hususunda cimrilik etmemesi gerekir. Peygamber -sallallahu aleyhi ve sellem- şöyle buyurmuştur:

"Cimri kişi, huzurunda anıldığım halde bana salât ve selam getirmeyendir."[177]

Yine Peygamber -sallallahu aleyhi ve sellem- şöyle buyurmuştur:

"Bir topluluk, bir mecliste oturur da orada Allah'ı anmazlar, peygamberlerine salât ve selâm getirmezlerse mutlaka bu aleyhlerine vebal olur. Dilerse onları azaplandırır, dilerse onlara mağfiret buyurur."[178]

VEDÂLAŞMA

İman ile mamur olmuş, itaat üzere dimdik ayakta duran bu evden ayrılırken Rasûlullah -sallallahu aleyhi ve sellem- sünneti bizim için, kurtuluşu isteyen kimseler için bir alâmet, hidayeti bulmak isteyen kimseler için de bir yol olarak kalmaktadır... Selef alimleri ve onların bu pek büyük sünnete tabi olmaktaki aşırı tutkuları üzerinde durmamız gerekir... Böylece belki yüce Allah ona güzel şekilde uymayı, hakkıyla onu izlemeyi nasip eder.

Ehl-i sünnetin imamı Ahmed b. Hanbel -Allah'ın rahmeti üzerine olsun- şöyle der: Kendisiyle amel etmediğim hiçbir hadisi yazmadım. Hatta Peygamber -sallallahu aleyhi ve sellem- kan aldırdığını ve Ebu Taybe'ye bir dinar verdiğini öğrendim, bunun için ben de kan aldırdığım vakit kan alana (hacamat yapana) bir dinar verdim.[179]

Abdu'r-Rahman b. Mehdi dedi ki: Ben Süfyan'ı şöyle derken dinledim: Rasûlullah -sallallahu aleyhi ve sellem-'dan bana ulaşan her bir hadisle bir defa dahi olsun mutlaka amel etmişimdir.

Müslim b. Yesar'dan şöyle dediği rivâyet edilmiştir: Şüphesiz ben onları çıkarmak benim için daha kolay olduğu halde, nalınlarımla namaz kılıyorum. Bunu yaparken tek isteğim sünnete uymaktır.[180]

---

177 Tirmizî.
178 Tirmizî.
179 Siyer, XI, 213.
180 Siyer, VII, 242; İmam Ahmed, Kitabu›z-Zühd, s. 355

Sevgili kardeşlerime bu bahsin sonlarında pek büyük bir hadisi hatırlatmak istiyorum... Peygamber -sallallahu aleyhi ve sellem- buyurdu ki: "Bütün ümmetim cennete girecek; yüz çeviren müstesnâ." Ey Allah'ın Rasûlü, yüz çeviren kime denir, diye sordular. Şöyle buyurdu: "Bana itaat eden cennete girer, bana isyan eden yüz çevirmiş olur."[181]

Allah'ım, yüce peygamberini sevmeyi, dosdoğru yolda ne sapanlar, ne de saptırıcılar olarak ona muvafakat etmeyi bize nasip et! Allah'ım, gece gündüz ardı arkasına geldikçe Muhammed'e salât ve selâm eyle! Allah'ım, hayırla ananlar onu andığı sürece Muhammed'e salât ve selâm eyle! Allah'ım, peygamberimiz Muhammed -sallallahu aleyhi ve sellem- ile birlikte Firdevs-i a'lâ'da bizleri bir araya getir. Onu görmekle ve bir defa içenin daha sonra ebediyyen susamasının sözkonusu olmadığı Havz-ı şerifinden içmeyi nasip ederek gözlerimizi aydınlat! Allah peygamberimiz Muhammed'e, onun aile halkına ve bütün ashabına salât ve selâm eylesin.

---

181 Buhârî.